小学校教師のための

やってはいけない 英語の授業

STOP

大阪樟蔭女子大学教授　菅　正隆／著

ぎょうせい

はじめに

　小学校における英語教育は、平成20 (2008) 年に日本で初めて学習指導要領に取り入れられ、平成23 (2011) 年度から高学年で「外国語活動」(領域) が実施された。その後、平成29 (2017) 年に学習指導要領が改訂され、令和2 (2020) 年度から中学年で「外国語活動」(領域) が、高学年で「外国語」(教科) が実施された。

　導入当時文部科学省の教科調査官だった私は、導入時から現在に至るまでの長きに渡り、全国各地で授業を見学し、教師や指導主事等から話を聞き、導入当初の理念や哲学、授業実践において、徐々に齟齬が生じているように感じ始めている。しかも、他教科とは異なり、日々の授業で苦悩する教師たち、無理・無駄の多い授業実践、魑魅魍魎が闊歩する経済優先の環境など、子どものための教育ではなく、大人のための教育が施されるようになっている。そして、将来を嘱望された子どもたちが英語を嫌い、精神的に追い詰められ始めている。教師も世間の風潮や間違った考え方に翻弄され、それに加担している。導入当初 (現在も同じ考え方)、文部科学省が唱えた小学校は「中学校の前倒しではない」が徐々に「中学校の前倒し」となり、子どもたちの「英語ができない」「英語が嫌い」の気持ちを増幅させている。

　そこで、本書では、子どもたちの将来にとって大切な一つのアイテム、英語運用能力の向上のために、指導の在り方を見直し、評価や教師の在るべき姿を再確認し、多くの子ども、多くの教師が救われることを願って、さまざまな項目に渡って改善策としてまとめた。

　本書の出版にあたっては、浜中陽子氏をはじめ株式会社ぎょうせいの皆様に大変お世話になった。ここに御礼を申し上げたい。本書が読者の皆様の今後の指導、評価、ご自身のために少しでもお役に立てれば幸いである。

令和3年8月

菅　正隆

目　次

はじめに

やってはいけない評価・テスト編
〜「誰のため」「何のため」を大切に　　　　　　　　91

おわりに

＊本書に登場する子ども等の名前は全て仮名です。

序　章

1.　学習指導要領改訂による指導と評価の考え方

　従来の英語教育においては、英単語をいくつ知っているか、文法事項をいくつ理解しているか、英文を日本語に訳せるか、日本語を英語に訳せるかなどの知識やテクニックが重要視された。これは、高校入試や大学入試において、知識を問う問題が多く出題されていたことに起因する。このことから、学校では知識偏重の授業が長年に渡って行われ、その結果、子どもたちは英語を嫌い、英語が話せない・聞けない日本人を多く育ててきた。今では、世界から英語「後進国」の汚名すら聞こえる。

　これを大きく変えるコペルニクス的大転回が、思考・判断・表現を重視する今回の学習指導要領の考え方である。多くの英単語を知っていても、難しい英文法を知っていても、実際に使用できなければ、宝の持ち腐れである。かつては、それでも入試のために効力を発揮したが、今ではその価値も失われつつある。これからの英語教育は、子どもたちがグローバル社会で生きていくための生涯教育の一環として、英語を使って仕事や研究の面で活躍したり、興味・関心に合わせて交流したりできる人材を育成していくことが求められる。特に日本人はネゴシエーション（交渉）能力が他国の人と比べても低いと言われ、更に英語でのそれは他国の人には到底かなわない。政治においても然りである。これは、教育の場で、子どもに同じ考え・同じ答えを求めるあまり、子ども一人一人が自分の考えや意見を抑え、我を出すことが許されなかった環境にも由来する。このままでは、日本も遅かれ早かれ数十年後には「後進国」入りすることは確実である。それを打破するために、自分の考えや意見を伝えることのできる子どもたちを育てることが急務である。特に、コミュニケーションを司る「外国語活動」や「外国語」では、それが強く求められている。知識偏重型から脱却し、子どもの将来を見据えながら、指導と評価の在り方を大きく変える必要がある。

2. GIGAスクール構想とコロナ禍による授業改革

　新型コロナウイルス感染症拡大に伴い、令和5 (2023) 年度の目標だったGIGAスクール構想が前倒しとなり、令和2 (2020) 年度末までに1人1台の端末整備が終わり、令和3 (2021) 年度から端末を利用した授業がスタートした。授業に最も直結する端末のOSシェアでは、Google Chrome OSが約44%、iPad OSが約28%、Microsoft Windowsが約28%となった。それぞれのOSには特徴があり、甲乙付けがたいが、授業で活用するためには、さまざまなツール (ソフト、アプリ) に教師が慣れ親しんでおく必要がある。

　また、英語教育の主な目標は、英語を使っての人とのコミュニケーション能力を向上させることにある。人と人とのコミュニケーションはアナログの世界である。そこに、デジタルのICTを持ち込もうとするのである。無機的で機械的と否定する向きもある。もちろん、ICTは絶対のものではない。しかし、コロナ禍で対面授業が困難な場合や、長期休暇中の家庭学習の支援、普段の授業での効率よい活用では効果を発揮する。教師はアナログとデジタルの特長を理解し、どのように活用するか判断することが求められる。例えば、手づくりの教材・教具の作成に長時間要するのであれば、さまざまなソフトを活用して短時間で準備したり、子どもの授業のふり返りを端末でさせたりするなど、効果と効率を常に意識して授業を組み立てていく必要がある。

　ICTを使用する際に注意すべき基本的な事項は以下のとおりである。

①「外国語活動」や「外国語」の活動の基本はアナログである。

②ICT使用の目的を明確にする (対面授業か遠隔授業か等)。

③ICTは効果や効率を考えて、アナログに勝る場合に使用する。

④ICTの利便性ばかりを追求しない。

⑤ICT使用時の子どもの情意面を検証する。

⑥指導内容に最も適するツールを選択する。

⑦他教科とのクロスカリキュラムに活用する。

3. 入試改革と今後求められる能力とは

　31年間続いた大学入試センター試験が、令和元年 (2019) 年度に終了し、翌令和２ (2020) 年度から新たに大学入学共通テストが実施された。これは、高等学校教育の質の確保と向上を目的とし、思考・判断・表現等を問う問題を重視し、従来の知識重視からの脱却をめざすものである。しかし、ここに至るまでには紆余曲折があった。記述問題の導入や英語の民間試験の活用で多くの受験生を混乱の渦に巻き込んだことは記憶に新しい。先にも記したように、理念と戦略には間違いはないが、戦術で大きくつまづいた格好だ。特に英語の民間試験に関しては、高額な受験料の問題、各試験ごとのレベルの違い、会場の問題等、多くの問題を解決しない前に実施に踏み切ろうとしたのである。これでは、世論や受験生が納得するはずもない。ここでも、さまざまな思惑や経済的な問題、逸脱した企業論理が存在した。これらを勘案すると、今後も民間試験は実施されるべきではないだろう。

　そうは言っても、理念や戦略には問題がないことより、どのように戦術を練り直し、いかに充実させるかの問題は残る。このことから、少なくとも小中高各校種においては、学習指導要領の改訂と相まって、この理念を理解するとともに、指導の在り方を大きく変更しなければならない。何度も繰り返すが、知識・技能から思考・判断・表現へと重点を変え、その指導と評価の一体化を至急に図ることが必要になる。

　小学校は大学入試とは無縁と考えず、「外国語活動」や「外国語」は、英語教育の屋台骨と捉え、従来の中学校での文法、訳読中心の授業などかなぐり捨てて、子どもの思考力・判断力・表現力を向上させる授業をめざすことである。そして、中学校の前倒しではない、新しい小学校の英語教育の文化を創造することである。

　英語を学ぶ子どもたちの笑い声、笑顔、そして何ものにも恐れない発信力の向上に努めることで、子どもたちの将来に光明を見いだすことができるのである。

やっては
いけない

指導編

"当たり前"はもうやめよう

先生：Hello, everyone. Today is February 14th. What day is it today?
児童：It's Monday.
先生：Yes. But, today is a special day. What day is it today?
児童：Monday!

 授業は All English!

NGポイント

　子どもは普段の生活で使用しない英語そのものに抵抗を感じている（情意フィルターが高い）場合が多い。英語の授業だからといって、どこかの教育委員会の指導主事や大学の教師に「英語の授業はAll Englishで進めること」などと言われたからといって、そのまま子どもたちの状況を判断もせずに英語で進めてしまうと、子どもたちがチンプンカンプンなだけに止まらず、根本から英語嫌いを増産する元凶にもなりかねない。

やるべき授業への秘策

1. クラスルーム・イングリッシュは必須である。
2. ティーチャーズ・トーク（スモールトーク）は可能な限り行う。
3. 子どもの状況をつぶさに観察し、英語使用頻度を調整する。

1. クラスルーム・イングリッシュは必須である。

　英語導入期から、子どもに英語の音を馴染ませていくことは、それ以後の英語教育の基盤づくりとしては重要なことである。かといって、導入期から英語を多量に聞かせてもあまり効果は期待できない。しかも、英語だけを聞かせて、その内容も理解させることは困難なことである。そこで、英語教育特有のクラスルーム・イングリッシュから始めることである。例えば、"Good morning." "Stand up." "Close your eyes."など、子どもへの挨拶や指示、依頼や激励などの言葉を使って授業を進め、子どもたちに「言葉＝動きや気持ちを誘発させるもの」として、体験させながら定着を図っていく。ただし、クラスルーム・イングリッシュは、子どものリスニング能力を飛躍的に向上させるものではなく、英語の授業の雰囲気づくりとしての意味合いが強い。

　クラスルーム・イングリッシュを用いる時には、日本語で子どもたちに話す時のように、子どもの理解の程度を確かめながら、ゆっくり、はっきりと話すように心がける。いくつかの指示を出さなければならない時には、一度にたくさんの指示を出したり、長文で指示をしたりすることは避け、簡潔な文で一文一文子どもの理解の程度を確認しながら話すなどの配慮が必要である。新出のクラスルーム・イングリッシュを用いる時には、何度か聞かせるとともに、動作を加えたり、絵を描いたりして子どもの理解を助けるようにする。

2. ティーチャーズ・トーク（スモールトーク）は可能な限り行う。

　先に「クラスルーム・イングリッシュは子どものリスニング能力を飛躍的に向上させるものではない」と述べた。この点は、既に研究し尽くされているが、では、子どものリスニング能力を向上させるためには何が効果的なのか。この点もさまざまなところで研究がなされており、指導者（特に担任）の話すティーチャーズ・トーク（スモールトーク）が効果的とする説が多い。確かに、毎回の授業の中で指導者が話す事柄は、子どもにとっては目新しいことであり、興味を引きつけられることが多い。これは中学校や高校で行われているオーラル・イントロダクションに近い。つまり、英語を使ってテキストや教科書の題材内容に関することや新出の語彙や表現を導入するための手法である。そこにある意味訴求するのである。ティーチャーズ・トークを成功させるには以下の点に注意することである。

　①できる限り既習の語彙や表現を用いる。

　②単元内容（本時の指導内容）に関して、指導者の生活や日常の事柄とマッチしたストーリーを作り上げる。

　③子どもの理解度を計りながら繰り返したり、ジェスチャーを交えたりしながら、はっきりとメリハリを付けて話す。

　④話した内容について、子どもたちにQ&Aのかたちで質問をしながら、全体に理解を図る。

　例えば、以下のようなティーチャーズ・トークが考えられる。

教師：Hello. Last night, I went to the supermarket. I bought onions, carrots, beef and roux. After that, I made delicious meals. What did I make last night? Sukiyaki? Tempura?	
児童：Rice curry.	
教師：That's right, but it's curry and rice in English.	

3．子どもの状況をつぶさに観察し、英語使用頻度を調整する。

　授業でどの程度英語を使用するのが良いか判断に苦しんでいる教師は多い。導入当初からAll Englishで行うと子どもたちは意味が分からず、自信を喪失して英語嫌いを生み出したり、英語に抵抗感を抱かせたりする可能性が高い。一方、少しでも英語を楽しく学ばせようと全て日本語で授業を進め、その後、ある時期から英語を使い始めたりすると、子どもは英語に対する情意フィルター（抵抗感）が一気に高くなる。つまり、どのように英語に慣れさせていくかが問題なのである。

　英語導入当初はクラスルーム・イングリッシュを使用しながら、英語の指示パターンに慣れさせていく。そして、子どもの理解度を計るとともに、子どものつぶやきに耳を傾けることが重要である。

　子どもは、自分の気持ちや状況を遠慮無く素直につぶやくものだ。「先生、何言ってるの」「分からん」「つまんない」などの言葉をキャッチすることが大切である。このような言葉が出た場合には、英語をゆっくり繰り返したり、オーバーなジェスチャーをしたりしながら、少しでも言葉のイメージを持たせる。これを繰り返しながら、音と意味とを連結させて、理解させるようにするのである。

　小学校の英語の評価においては、子どもの行動観察で評価をすることが多い。同じように、英語の使用頻度や難易度に関しても、子どもの状況についてアンテナを高く掲げて把握し、徐々に頻度を調整しながら、既習語彙や表現を中心に多用していくことである。

　アンテナの低い人は、授業も下手なのが常である。子どもの状況が分からず一方的に英語で授業を進めてしまい、理解できていない子どもを置き去りにしてしまう傾向がある。アンテナの高さに自信のない教師は、子どもたちに「先生の英語分かった？」"Do you understand (what I said)?"などと聞いても良い。そして、徐々に頻度を増していき、6年生ではAll Englishに近い授業をめざすことである。

先生：今日は、誕生日の尋ね方について勉強しましょう。誕生日を聞く
　　　時は "When is your birthday?" と言います。誕生日はバース
　　　デーと言います。バースは生まれることで、デーは日の意味です。
　　　昔、阪神にいたバースではありません。
児童：………？？？

STOP 日本語の丁寧な説明

NGポイント

　英語の授業なのに、挨拶も指示も日本語、加えて英語に関することや
内容についても、懇切丁寧に日本語で説明する。これ何の授業？ と疑い
たくなる授業が蔓延している。完全な知識注入型で、日本語で英語に関
することや文化についての説明を聞いても、実際に英語を使用できるよ
うにはならない。これは、体育の授業で、クロールやバタフライの泳ぎ
方を教室で習ったとしても、実際に泳げるようにはならないのと同じこ
とである。

やるべき授業への秘策

1. 日本語で長時間話をしない。
2. 短時間で、子どもとのインターラクション（やり取り）を図る。
3. 説明するより、実際のモデルを示す。

1. 日本語で長時間話をしない。

　これは、授業で日本語を使わないようにするという意味ではない。また、日本語の代わりに英語を必ず使えということでもない。日本語を効果的に使用することには何の問題もない。要はバランスの問題なのである。外国語活動や外国語の授業では、子どもたちがさまざまな活動を通して英語を聞いたり話したりしながら、英語運用能力の向上を図るものである。それなのに教師が一方的に長い時間説明をして、子どもの活動を阻害することには問題があり、しかも、日本語で話すと、子どもの頭の中は日本語モードになり、急に「英語で話してみよう」などと指示されても戸惑うばかりである。例えば、次のようなシーンをよく目にする。

　教師：隣同士でペアになって、一方が相手に誕生日を尋ねてみましょう。尋ねられた方は誕生日を答え、そして、反対に相手に誕生日を尋ねてみます。では、いいですか。始めてください。

　児童：僕が誕生日を尋ねるんだよね、"When is your birthday?" かな。

と、子どもたちは日本語を使っても特に問題を感じていない。これは、教師が普通に日本語を使うことから、情意フィルターが下がり、英語を意識するまでには至っていないからである。そこで、以下の点に注意する。

　①教師の話す時間を減らし、子どもの活動の時間を多く確保する。

　②必要以上に日本語で話すことは避ける。

　③常に主役は子どもであること (students' centered) を意識する。

　④英語の授業は講義科目ではなく、実技科目と考える。

2. 短時間で、子どもとのインターラクション（やり取り）を図る。

　授業の中では、教師が一方的に説明（講義調）を施さなければならないこともある。しかし、この手法では、子どもたちがインプットする量は限られている。教師が熱弁をふるっても、長時間話をしても、暖簾に腕押し、労多くして功少なしである。

　では、効果のある説明をするにはどのようにすればよいか。まず、一方的に教師が話すことを避け、所々に子どもたちとのインターラクションを取り入れることである。例えば、"When is your birthday?"の言い方を説明する際には、以下の方法が考えられる。

　教師：birthdayの発音は難しいよね。バースデー (birsday) ではなく、thの発音は前にも話したように、どうするんだった？

　麻衣：上の歯と下の歯の間に舌を出して発音します。

　教師：そうだね。じゃあ、発音してみて。

　麻衣：birthday

　教師：That's right. Repeat after Mai-san.

　麻衣：birthday

　児童：birthday

　このように、子どもたちを主役にして自信を付けさせながら、みんなのお手本とするのである。また、時には子どもたちを教師役に見立てて、授業をリードさせることも効果的である。必要なことは次のとおり。

①授業は教師と子どもとの合作と考える。

②どの子どもも主役にする。例え英語が苦手な子どもがいたとしても、ほんの少しのことでも褒め称え、自信を付けさせていく。この積み重ねが英語嫌いを減らしていくことにつながる。

③教師が教えることは義務と考えるとつまらない授業となり、子どもも受け入れなくなる。楽しい例を出しながら、笑いながらインプットを図る。例えば、birthdayを極端な発音をして爆笑を誘うなど。

3. 説明するより、実際のモデルを示す。

　英語の授業では、どうしても国語や社会の授業のように説明（講義調）に徹してしまう教師は多い。授業の中心が講義になってしまい、子どもは飽き飽きした顔になっている。これを根本から解決するためには、とにかく説明は極力避け、さまざまなモデルを提示することである。

　例えば、先のbirthdayの発音に関しても、説明はせずに発音モデルを何度も示しながら子どもたちに真似をさせる。つまり「習うより慣れよ」である。子どもたちが行う会話練習などの活動も同じである。「AさんはBさんに誕生日を聞いて、Bさんはそれに答えます」と説明するのであれば、指導者（ALTも含む）2人が、子どもたちに会話のモデルを示してイメージを持たせる。ALTがいない場合には、子どもにモデル役を頼んで、2人でモデルを示すことである。

　これで日本語の説明を減らすことができる。子どもたちに興味が持てない説明を長々と聞かせるより、目で見て状況を把握させることの方が、短時間で確実に理解させることができる。

　同様に、モデルを示す意味から、市販のデジタル教材を使用する場合もある。しかし、子どもたちが一時的に興味を持ったとしても、あまり長続きはしない。それは、デジタル教材以上に、知っている教師やクラスの友達の英語や立ち振る舞いの方が面白く興味深いからである。デジタル教材にはさまざまな会話のパターンは存在せず、教師や児童の生きた教材の方が何倍も変化に富んで勉強になる。つまり、英語のモデルはデジタルよりアナログそのものに限るのである。もちろん、デジタル全てを否定するものではない。基礎・基本的なものの定着を図るには効果的な面もあり、コストパフォーマンスにも優れている。ただ、変化に乏しいのが残念な点である。

　以上を考えると、授業での教師の役割は、教える人以上に、コーディネーターとしての役割の方が重要である。そう考えると、他の教科よりも指導しやすい面もあることに気付くはずである。

先生：今日（10月25日）から夏休みの思い出について勉強します。レッスンの終わりには、「夏休みの思い出」を発表します。

児童：先生、もう忘れてしまいました。

先生：教科書にあるので、やらないとね。

児童：……（きっと、お母さんに叱られるからだ）。

STOP 教科書の一字一句を指導

NGポイント

　教師は教科書の全てを教えることは当然だと思っている。しかも、取り扱わない項目があると、保護者からクレームがくると信じて疑わない。一字一句を指導しようとすると、子どもの状況に合わせられなくなることや、重要なところとそれほど重要ではないところとが同列に扱われ、英語運用能力向上に結び付かない。それどころか、英語嫌いを増産させる。特に英語の教科書やテキストは、知識を教えるツールではなく、子どもたちに言語活動をさせるためのネタ本と考えるべきである。

やるべき授業への秘策

1. 年間の授業の流れをバックワードデザインで組み立てる。
2. 子どもの状況により、必要の無いものはスキップする。
3. 保護者に理解をさせ、保護者を味方につける。

1. 年間の授業の流れをバックワードデザインで組み立てる。

　学校によっては、事前に年間指導計画を緻密に作成するところがある。これは机上の計画に過ぎないことから、教科書や指導書を頼りに教科書に書かれている項目をもれなく羅列する。そして、4月当初に授業が開始されると、その計画書を念頭に授業を進めていく。しかし、授業があまり上手くいかないことに気付く。当然である。その計画書自体に欠陥があるからである。年間指導計画は教科書を基に4月から順次作成していくことから、理想と現実とのギャップが生じるのである。

　良い年間指導計画を作成する際には、まず、その学年の3月末の到達目標（英語運用能力の伸長点など）を決めることである。それに向かって、1年間の授業の流れをバックワード（3月末から学年当初の4月にまで遡る）で作成する。到達目標を総論的にまとめ、その目標を達成するためにはどのような活動や指導が必要なのかを考える。そして、各論的に単元ごとの最終時間の到達目標を明確にし、そこに至るまでにはどのような指導や活動が必要なのかを具体化する。そして、できた計画書に基づき、理想と現実とのギャップを埋めながら、授業を進めていく。まとめると、バックワードデザインは以下のようになる。

> ※年度末の最終目標（到達目標）を作成→（単元ごとの到達目標を作成→単元ごとの指導と活動→単元開始）→4月の授業開き

2．子どもの状況により、必要の無いものはスキップする。

　先の指導計画を作成していくと、目標達成ために必要の無い教科書の項目があることに気付く。時間の無駄、コストパフォーマンス的にも意味の無いものと感じる項目も見られる。それはなぜか。私は30年以上、教科書作成に携わってきた。教科書は学習指導要領に従って、全ての教師が指導するもの、全ての子どもに定着させるものが設けられている。つまり、全児童にとってスタンダードなものとして作成されている。しかし、子どもの状況によっては指導や活動に必要の無いものや、反対に、もっと詳しく指導する必要があるものもある。これらから、指導は「教科書を教えるのではなく、教科書で教えるもの」と言われてきた。つまり教科書はツールであって、教科書を活用しながら、目標を達成すべきなのである。そこで、総論（学年目標）や各論（単元目標）をめざして指導がなされなければならない。教科書を一字一句教えたところで、目標達成など絵に描いた餅、夢のまた夢である。特に英語に関しては、知識を定着させる教科ではなく、英語の運用能力を向上させることに目標があることを忘れてはならない。

　そこで、先の指導計画の中でも、子どもの興味・関心が薄く、目標達成に著しく効果が期待できない単元は思い切って割愛する。そして、指導する予定の単元の中でも、効果の薄い内容や活動はスキップするなどの判断をする必要がある。

　また、授業の中で子どもたちの状況を判断しながら、取り扱わない内容を決めたり、子どもたちが非常に興味を持ち、より深い内容まで取り扱うことができると判断した場合には、他の教材も活用するなどの臨機応変な対応（深い学び）も必要になる。

　ここでも子どもたちを常に観察しながら、目標を達成するために何が必要で何が無駄かをビビッドに感じ取る必要がある。そのためにも、授業時間の最終に行うふり返りで活用するシート（ふり返りシートなど）は重要なエビデンスとなる。

3. 保護者に理解をさせ、保護者を味方につける。

　保護者は教科書が絶対的なものと理解している。平成14 (2002) 年に、新潟県の中里村 (現十日町市) で成立した「雪国はつらつ条例」を、東京書籍 (株) の中学校公民の教科書では「中里町」の「雪国はつらいよ条例」と誤植して出版した。この報道を受け、多くの保護者から連絡をいただいた。「教科書って、そんなにいい加減なものなの」「国の検定に合格した教科書は絶対に教えなければいけないのに」などである。このように多くの人は教科書は正しいもの、国のお墨付きの教科書は全て教えるべきものと理解している。したがって、教科書の一部を扱わなかったり、ページを飛ばしたりすると保護者によっては反発する方もいる。

　しかし、外国語活動や外国語を指導する際には、その誤解を取り除く必要がある。それはなぜか。その答えが学習指導要領にある。例えば、外国語活動の目標 (一部) には、「外国語を通して、言語や文化について体験的に理解を深め、日本語と外国語との音声の違い等に気付くとともに、外国語の音声や基本的な表現に慣れ親しむようにする」とあり、外国語 (一部) には、「聞くこと、読むこと、話すこと、書くことによる実際のコミュニケーションにおいて活用できる基礎的な技能を身に付けるようにする」とある。つまり、語彙の意味を定着させることや、表現や文法事項の知識を定着させることなどはどこにも書かれていない。語彙や表現を使えるようになることが大切なのである。昔のペーパーテストにあった単語の意味や表現を書かせることなど、目標にもその過程においても求められていない。このことを何度も保護者に伝える必要がある。そして、教科書を一字一句指導したかではなく、子どもの活動やパフォーマンスを見せて、子どもの変容を認識させることである。これは、まさに実技教科としての体育と同じことである。保護者はクロールの泳ぎ方が書かれたテキストではなく、子どもの泳ぐ姿を重視している。英語も同じで、子どもが英語を聞いたり話したりする姿に感動するはずである。まずは、保護者を味方につけることである。

先生：好きな色を尋ねるときには何と言いますか。
児童：What color do you like?
先生：そうですね。では、好きな月を尋ねるには。
児童：え〜と、What moon!

STOP　めざせスキルUP！

NGポイント

　教師は子どもが英語を聞けるように、話せるようにすることだけが目標だと思っている。特に英語を苦手とする教師は、心のどこかで自分のようにはさせたくないと温かい心を持って指導に励んでいる。まさに教師の鑑である。しかし、これが逆の結果を生む。教師にとって、英語の授業は中学校や高校で受けてきたスキルベースの授業がモデルとなっている。同じ表現を何度も繰り返したり、単語を入れ替えて何度も練習するパターンプラクティスでは、思考を伴わず、表面的な知識となり、実際に活用できるようにはならない。

やるべき授業への秘策

1. 英会話の考え方から脱却する。
2. 思考を伴う活動を仕組む。
3. 言葉のバックグラウンドに気付かせ、イメージ化を図る。

1. 英会話の考え方から脱却する。

　平成10 (1998) 年に改訂された学習指導要領で初めて導入された総合的な学習の時間の中に「国際理解に関する学習の一環としての外国語会話等を行うときは、学校の実態等に応じ、児童が外国語に触れたり、外国の生活や文化などに慣れ親しんだりするなど小学校段階にふさわしい体験的な学習が行われるようにすること」とあった。これが一人歩きし、ある団体は小学校の外国語会話等を「英会話」と称し、雑誌まで出版した (既に廃刊済み)。このように、小学校で行う英語の授業は英会話の授業であるという間違った理解が全国に流布した。文部科学省としては英会話の授業ではないと常々発信してきた。一方、大阪の南部の市では、上記の「外国の生活や文化などに慣れ親しんだり」を曲解し、言語活動などはせずに、国際理解の時間として、他国の文化や歴史、食べ物や生活の紹介に終始していたところもある。

　現在、学習指導要領に英語に関する目標や内容が明記されたことにより、さすがに後者のような授業は見かけなくなったが、前者のような英会話の授業には時々出くわすことがある。まさに、当時、小学校英語導入に反対の立場をとった大津由紀雄氏 (慶應義塾大学名誉教授) が揶揄する“ピーチクパーチク”である。単語をイメージもなく何度も発音させたり、表現を意味も分からずに何度も繰り返させたりするのは、価値がないとまでは言わないが、少なくともコストパフォーマンスの点と、興味・関心の面では、効果が薄いと言っても過言ではない。

　「人間は考える葦である」は、哲人パスカルの言葉である。広辞苑には「人間は葦にたとえられるような弱いものである。考えるという特性を持っているとして、思考の偉大さを説いたもの」とある。子どもは、例え練習といえども、同じことを何度も繰り返すことは嫌いである。また、中学校の英語の授業で行われているパターンプラクティスなども苦手である。これらは、ほとんど考えることなしに定着のために英語の語彙や表現の練習として行われる。このような練習を行い過ぎると、確実に英語嫌いを生み出す。そこで、考えること、思考することの必要な活動を取り入れて、考えることの楽しさを体験させることである。

　例えば、起床時間を尋ねる表現に慣れ親しませる活動を考えてみる。

---

(1) ペアやグループでの練習 (やり取り) で、

　　A：What time do you get up?

　　B：I get up at seven.

　このままでは、表現の練習にすぎず、相手の答えも意識せずに聞き流す機械的な活動に過ぎない。

(2) クラス全体でのやり取りで、

　　A：What time do you get up?

　　B：I get up at six thirty.

　このやり取りを知的な活動にするために以下を仕組む。

①起床時間を尋ねる表現を使って、クラスの子どもに尋ね、名前と時間をワークシートに書き入れる (答えをしっかり聞く必要性)。

②クラスで最も早く起きる子どもを見つけ出す (聞き取った起床時間から、最も早い時間を導き出す)。

③同じ表現を使って、クラスで最も遅く起きる子どもを見つけ出す。

④最も早い子と遅い子、クラスの起床時間の平均を導き出して話し合わせる。

---

3. 言葉のバックグラウンドに気付かせ、イメージ化を図る。

　小学校に正式に英語を導入した理由は、「日本人の英語力が他国より劣る」「企業からの要請」「グローバル化の進展」などによるものではない。私が注目したのは、子どもたちに欠如していた国際感覚や異文化理解、言葉に対する意識の低下である。これは、学習指導要領解説にも「児童のもつ柔軟な適応力を生かして、言葉への自覚を促し、幅広い言語に関する能力や国際感覚の基盤を培うため、日本語や我が国の文化を含めた言語や文化に対する理解を深める」「その際、知識のみによって理解を深めるのではなく、体験を通して理解を深めること」とある。子どもの興味・関心に合わせ、言葉とそれに裏打ちされた文化とを同時に体験的に学ばせることが大切なのである。例えば2つの例を示す。

---

(1) さまざまな活動に文化的要素を含める

　例えば、誕生日を取り扱う単元では、次の会話を仕組んでみる。

Kim：Today is my birthday.

Mai：Really? Happy Birthday! How old are you today?

Kim：I'm eleven.

Mai：Why? Are you ten?

Kim：No, I'm eleven.

　これは、韓国の子どもとの会話である。韓国では生まれた時が1歳で、日本と韓国とでは年齢の数え方が異なることに気付かせる。

(2) クイズなどゲーム感覚で知的な興味をそそる

　外国の子どもの名前のクイズを作って、興味・関心を持たせる。

【問題】次の中で、アメリカの新生児の男の子と女の子に最も多い名前はどれでしょう（2020年）。

①John（ジョン）②Olivia（オリビア）③Mary（メアリー）④Noah（ノア）

（答え）男の子④、女の子②

※参照：『子どもにウケる！ とっておき英語クイズ70』（フォーラム・A）

先生：A, a, a, apple.
児童：あ、あ、あ、あぷる。
先生：もう一度。A, a, a, apple.
児童：あ〜、あ〜、あ〜、あっぷる！

 # フォニックスを取り入れる

NGポイント

　英語導入期から授業にフォニックスを取り入れている教師がいる。これは、無謀なことである。学習指導要領でも、音と綴りとの関係は中学校からの指導内容としている。かつて、私が文部科学省にいた頃、英語の授業にフォニックスを取り入れている学校を調査したことがある。多くの学校で、英語が嫌い・分からないと答える子どもが多くいた。つまり、英語の基本的な音に慣れていない状況で、フォニックスを取り入れても効果は薄い。ルールばかりを教えられても子どもたちは楽しいはずもなく、そして英語嫌いになる。

やるべき授業への秘策

1. まずは音声を十分に聞かせる。
2. 楽しく音の違いに気付かせる。
3. チャンツを多用する。

1. まずは音声を十分に聞かせる。

　フォニックスを全面的に否定しているわけではない。指導を行うためにはそれなりの条件が必要である。フォニックスはもともと英語圏の子どもたちに対して行う手法である。生まれてから英語の音声に慣れ親しんでいる子どもたちに対して、音を文字化する際に用いられる。したがって、日本の子どもたちは英語の音声に慣れ親しんでもいないのに、意味も分からず、音の違いにも関心も示さずに、まさにイラストのようなピーチクパーチクするだけの状況になる。

　もし、フォニックスを取り入れるのであれば、十分に英語の音声に慣れ親しませることである。そのために以下の点に注意を払いたい。

---

(1) ALTやデジタル教材により、英語の音声を十分に聞かせる。
　・授業時間内に繰り返し聞かせたり、毎時間、復習として繰り返し聞かせたりする。
(2) 聞いた英語の音声を真似して、再生させる。
　・ただ聞くだけに止まらず、聞いた音声を真似ながら発音させたり、音の特徴について話し合わせたりする。
(3) 日本語と英語との音声の違いに気付かせる。
　・特に、外来語などの日本語と英語の発音の違いに注目させながら、英語の音の特徴を理解させる。

　以上のことを基本として、子どもたちが音声に抵抗感を感じず、ある程度の音の違いを認識した後にフォニックスをすることは可能であろう。

2．楽しく音の違いに気付かせる。

　先の(3)の日本語と英語の違いに気付かせることは容易なことである。外来語は子どもたちに定着しており、チョコレート、ミルク、バナナ、ハンバーガーなどはアクセントや音節の違いに気付くはずである。

　そこで、ゲームなどを通して、楽しく英語の音声に慣れさせていく。特に英語の発音で難しいとされる、ｖの音、ｒの音、thの音は、普段から意識して聞かせたり言わせたりする。

　例えば、次の問題を行う。黒板に次の絵カードを貼る。

①

②
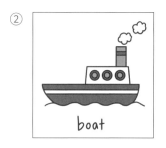

③
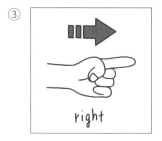

　絵を示しながらモデルとなる発音を聞かせる。次に、１番から順に一方を発音し、どちらの絵について発音したかを子どもたちに尋ねる。

3. チャンツを多用する。

　音声の指導と同時に、またはその後に、リズムに合わせて単語を発音させたり、表現を読ませたりするチャンツを行う。チャンツは歌ではなく、英語の単語や表現を一定のリズムに合わせて読ませる指導法の一つである。これにより、リズミカルに英語を発音したり読んだりすることができ、英語特有のリズムを体得することができる。幼児期の英語教育や英文法の定着のためのグラマーチャンツなども、広く行われている。ジャズのリズムで読む場合には、ジャズチャンツとも呼ばれる。

　小学校では、教師の後に続いて新出単語をリズムに合わせて読んだり、単元で取り扱う表現を読んだりする。慣れてきたら、ペアでやり取りをさせても面白い。

【ペアでのチャンツ】(リズムに合わせて読み合う)
　　A：What subject do you like?
　　B：I like music. I like music. What subject do you like?
　　A：I like science. I like science.

　イントネーションに注意しながら、1つの文を1つの塊として読んでいく。ラップミュージックの感覚で読ませても面白い。

【自由にやり取りするチャンツ】(下線部を自由に変えて読んでいく)
　　A：Do you like P.E.?
　　B：Yes, I do. I like P.E.. Do you like English?
　　A：No, I don't. I don't like English.

　チャンツを行う際には、リズムをとるものが必要になる。学校にあるものを活用するのが一番である。例えば、ピアノや電子ピアノでは大きすぎるので、タンバリンやカスタネット、メトロノームなどを活用する。手拍子などでも可能である。機器ではビートボックスやリズムボックスを使うが、使用しやすいものを利用することである。

やってはいけない　**指　導**　case**6**

先生：皆さん、今日の授業のめあてをノートに写しましょう。（しばらく
　　　経って）できましたか。次に学校の先生方に尋ねる質問を順にノー
　　　トに写しましょう。（しばらく経って）できましたか。結構時間がか
　　　かりましたね。では、今日はこれで終わりです。

 板書の丸写し

NGポイント

　英語の時間に黒板に書かれた本時のめあてを、ノートに書き写させる
教師がいる。また、英単語や表現を板書しては、子どもたちに一字一句
ノートに丸写しさせている場合もある。何を狙って丸写しさせているの
かが分からない。ひょっとしたら、子どもたちが普段集中せずに騒がし
いので、静かにさせるための方法なのかとさえ疑う。特に小学校におい
ては、板書は子どもたちの言語活動（書くことの練習も含め）を行う際の補
助的なツールと考えるべきで、丸写しさせるだけでは効果は期待できな
い。

やるべき授業への秘策

1. 黒板は板書するためのものとは考えない。
2. 板書には時間をかけず、デジタル機器を使う。
3. 板書は必要最小限に止める。

1. 黒板は板書するためのものとは考えない。

　小学校の英語の授業では、黒板を、板書するためのツールと考えるべきではない。導入期に行われる外国語活動では、聞くことや話すことを中心的に行い、読むことや書くことはあえて行わないことになっている。これは先にも述べたように、まずは英語の音声に慣れ親しませるためである。そこで、子どもたちに聞いたり話したりする活動を行わせるために、英語の音声の意味する絵カードを用意する。これは、音声と視覚からの情報 (絵カード) とを結び付けてインプットさせるためである。このように、外国語活動では、黒板は、絵カードを貼り付けるボードとしての役割と認識すべきである。

　また、教科外国語においては、4技能の聞くこと、読むこと、話すこと、書くことが求められ、黒板は絵カードを貼り付けるボードの他に、子どもたちが単語や表現を書き写す際のモデルの提示先と考える。

　その際、黒板には可能な限り日本語を板書しないことである。これは、英語モードで授業を行っていても、黒板に日本語が書かれていると、ついそちらに目が行き、英語モードから覚めてしまうからである。また、板書したものを丸写しさせようとすると、子どもたちは早く書き終わらせて、書き終わったことに満足し、書いたことで分かった気になっている。これは危険なことである。考えもせずに、ただ早く書き写すことに一生懸命で、結局のところ、何も分かっていないのが常である。

　なお黒板の使い方や板書の仕方は、拙著『板書＆イラストでよくわかる365日の全授業小学校外国語活動・外国語3年〜6年』(明治図書) に詳しい。

2. 板書には時間をかけず、デジタル機器を使う。

　授業開始後に、黒板におもむろに本時のねらいや授業の流れを書く教師がいる。時間にして数分。それを子どもたちはじーっと眺めている。もったいない時間の使い方である。この数分の間にも英語に触れさせることができるはずである。

　では、どうするか。教師が非常に忙しいことは理解している。授業前にそれらを黒板に板書しておくほどの余裕もない。事前に模造紙などに書いて用意しておくには、また時間がかかる。やはりここは、デジタルを利用することである。ワード、パワーポイント、エクセルなどで事前に作成しておき、電子黒板やモニターで提示する。作成にさほど時間がかからず、必要な時に一瞬で提示することができる。

　では、アナログとデジタルをどのように活用するか。答えは、それぞれの特長を生かして、バランスよく利用することである。めあてや授業の流れについては、常に子どもたちが目にする必要もない。必要な時に確認できればよい。これはデジタルを使う。また、新出単語や表現についての発音練習をする場合には、絵カードをフラッシュカード（瞬時に提示する）のように利用するか、パワーポイントを画面に提示するかである。これはアナログもデジタルも効率は同程度である。

　発音練習の後に、さまざまな絵カードや表現（板書）を使って子どもたちに言語活動を行わせる際には、活動のヒントとなる絵カードや表現を常に子どもたちの目に見えるところ（黒板）に掲示しておく必要がある。活動の途中で単語や表現を忘れた子どもにとっては、この上ない助けとなる。この場合、デジタルかアナログか。ここは当然アナログである。黒板の絵カードや文字は大きく、どの方向からも見やすい。一方、電子黒板などで提示されるイラストは小さく、しかも、見る方向によっては見づらい場合がある。

　このように、効率よくデジタルとアナログとを組み合わせて使用することで、授業が楽になる。

3．板書は必要最小限に止める。

　英語教育界のカリスマと呼ばれる教師たち（例えば、田尻悟郎氏、中嶋洋一氏等）は、さほど黒板を利用しない。しかし、子どもたちにはノートを用意させる。このノートをどのように使うか。もちろん、板書を書き写すためのものではない。教師が話したことを書き取らせるためのものである。

　板書を書き写す時には子どもたちはさほど考えず、機械的に書き写している。これでは、学力や英語力は一向に向上しない。単に書く練習に過ぎない。教師の話を聞いて、内容をノートにまとめたり、重要な点を書き込んだりすることは高度な技術が必要で、言語力の向上にもつながる。このことをカリスマたちは指導当初からしつけていくのである。実は、相手の話を適切に聞いて理解することは、言語教育にとっては基礎・基本的な技能なのである。

　そこで、英語の授業では板書は必要最低限に止めることである。ただし、子どもたちが英語を書き写す際のモデルや、活動で用いる語彙や表現は板書しておくことは必要である。それ以外に必要な事柄や、注意すべき点などは板書せずに、口頭で伝え、それをノートにまとめさせる。

　繰り返すが、英語の授業では、子どもたちに十分に英語を聞かせ、十分に英語を話させる機会を確保し、体験を通して英語に慣れさせていくのである。教師が話し過ぎたり、書き過ぎたりすることは、その機会を減らして、子どもたちの英語運用能力向上に楔を打つようなものである。

　これからは板書に代わって、電子黒板やテレビモニターに提示したり、書画カメラを活用したり、GIGAスクール構想で配布されたそれぞれのパソコンやタブレットを使用することである。ここでも、それぞれの効果とコストパフォーマンスを考慮しながら使用していくことになる。そして、今後、教師は自分自身の授業スタイルと子どもたちの英語運用能力との関係を検証し、課題を見つけ、授業スタイルの改善に取り組むことが求められる。

先生：ジョン先生、明日、行事の関係で3時間目の授業が1時間目に変更になりますが、大丈夫ですか。

ALT：Oh! 急な話ですね。少し遅れるかもしれませんよ。

先生：すいません。学校に着いたら教室に来てもらえば良いので。

ALTに気を遣う

NGポイント

　学校に来ているALT（Assistant Language Teacherの略）に対して、遠慮しながら、まるで腫れものに触るように対応する教師がいる。これは大きな間違いである。ALTのAはアシスタントの略である。つまり、教師のアシスタント、授業のアシスタントである。それなのに立場が逆転している場合がある。多くのALTは教えるプロではない。しかも、大学で学校教育について専門的に学んだものは少ない。子どもたちに全面的に責任を持っているのは担任を中心とした教員免許状を持った指導者である。ALTに遠慮する気持ちなど、捨て去るべきである。

やるべき授業への秘策

1. ALTの歴史を知る。
2. ALTには毅然とした態度を取る。
3. ALTとの良い人間関係が良いティームティーチングを生み出す。

1. ALTの歴史を知る。

　ALTの雇用形態はさまざまである。これについて、少し歴史を紐解く。

　かつて日本がバブル景気に沸き、多くの外貨を獲得していた頃(1980年代後半)、他国から外貨を国外に吐き出すよう圧力がかかり、これに応じて、日本の英語教育の発展のために、英語圏から若者を招聘したのが始まりである(JETプログラム)。イギリスでは招聘のためにチラシがまかれ、そこには「観光をしながら英語を教えませんか」などの心地良いキャッチが並ぶ。当時の給与は月30万円(今とほぼ変わらない)。イギリスは約8％の失業率で、特に若者の就職は困難を来していた。そして、これに応じた超一流の大学卒業生が日本にやってきた。当時、私も大阪で最初のティームティーチングを行った一人である。ALTはオックスフォード大学の卒業生でラグビー部の部長あがり。話しても知性に溢れていた。その彼も3年間お金を貯めて、母校の大学院入学のために帰国した。その後も、ケンブリッジ大学、アメリカのエール大学など、世界の錚々たる大学の卒業生とティームティーチングを組んだ。

　それから40年。給与はほぼ変わらず、学校のニーズも増えたことから、JET以外にも派遣会社からのALTや市町村採用のALTなどさまざまな雇用形態でALTを集めている。結果、レベルの低下を招いた。英語を母語としないALTも増え、加えて多くの問題を引き起こし、学校や教育委員会も頭を抱える案件も増えている。多くの税金がかかる状況で、本当にALTは必要なのか。今一度、考え直すべき時である。

2．ALTには毅然とした態度を取る。

　奈良市では、かつて市内に派遣していた19名のALTのうち、16名を減らし、残り3名に学校を回らせて教員の指導に当たらせている。これは、教師一人一人がソロで授業できるよう指導力の向上をめざすものである。これにより、教師一人一人が自立し始めた。よく思い切った政策を実施したものだと評価している。しかし、未だに全国にはALT必要論を唱える人がいる。実は文部科学省ではALTの効果測定は一度もしておらず、ALTがいるから学力が向上したなどのエビデンスは皆無である。ただ、従前どおりのALTの採用ありきが英語教育の進歩を阻害しているとも考えられる。

　実際に学校を回ってみると、小学校45分、中・高等学校50分の授業の中にALTはいるが、授業中ぼーっと立っていたり、担任の指示に従うだけだったり、言われるままに発音したりと、ALTは本当に必要なのかと思うことさえある。まさに、今、研究されているAIロボットの方がコストパフォーマンスが良く、管理もしやすいだろう。

　また、ALTによっては、遅刻や無断欠勤、連絡がつかない、授業のない時には学校に来ないなどの問題の多いALTもいる。時には担任の指示に従わず、身勝手な指導を行うALTもいる。これらのALTはどこか英語の苦手な教員を軽んじているところがある。このような場合には、遠慮せずに、毅然としてALTに注意したり、時には管理職に進言して厳重注意をしてもらったり、雇用先にALTの入れ替えを要請することである。彼らはあくまでも指導者のアシスタントである。税金を無駄にはできないし、大切な子どもたちへの責任は教師や学校にある。

　もちろん、教師も軽んじられないためには英語を再学習することが必要である。英語を教えるためには2つのことが必要になる。それは英語指導力と英語運用能力である。前者は経験を積むことにより向上させることもできるが、後者は不断の努力が必要になる。それをどのように向上させるかである。

3．ALTとの良い人間関係が良いティームティーチングを生み出す。

　全てのALTがダメと言っているわけではない。中には、素晴らしい指導力や人間的な魅力に富む人物もたくさんいる。このようなALTとは長くティームティーチングを組んでいたいと思う。

　では、良いティームティーチングとはどのようなことか。それは、2人が阿吽の呼吸で相手方をリスペクトとしながら授業を進めることである。言うなれば、漫才のようにリズムよく授業を進め、楽しく子どもたちを引きつけることができることである。私はかつて魅力的なティームティーチングとは何かと問われ、「やすきよ（横山やすし・西川きよし）の漫才」と答えたことがある。今では、やすきよが千鳥やミルクボーイ、霜降り明星なのかもしれない。子どもたちに英語って楽しい、もっと知りたい、勉強したいと思わせられるかどうかである。そのためには2人のリズムが大切である。そのリズムを構築するためには、ALTとの打ち合わせが必要だが、それ以上に、お互いにコミュニケーションが取れ、相手の性格や性質を理解することが大切である。そうなれば、打ち合わせなど必要ない。担任などの指導者が大雑把な授業案を作り、それをALTに提示し、意見を求め、後は実践するのみである。人間関係ができていると授業は漫才のように流れていく。そこには遠慮も壁もない。そのためにも、さまざまなところでALTとコミュニケーションを図ることである。授業に関することばかりではなく、子どもに関すること、学校のこと、日常生活のことなど、言葉を超え、異文化を超えた人間関係を築くことである。お互いに理解し合うことはそれほど難しいことではない。

　また、このようなALTには、教師自身の英語運用能力向上のための先生になってもらうことである。例え、英語学校などに通ったとしても、一朝一夕に英語力など伸びない。目の前にいるALTが最も良い先生になる。授業を英語で進め、間違いを直してもらう。また、指導案に書いた英語なども直してもらう。このように人間関係を築くことで、ティームティーチングも完成されていくのである。

先生：名詞にはaかanが付きます。Repeat after me. I have a pen.
児童：I have a pen.
先生：I have an apple.
児童：I have an apple. Applepen（PPAP）!

 中学校授業の前倒し

NGポイント

　子どもに授業を行う際には、教師自身が中学校や高校で受けてきた授業のように、文法説明をしたり、間違いを強調したりするのでは、子どもの理解度を超えていたり、興味を減退させることにつながる。また、英語を日本語に訳させたりすると、子どもは常に日本語がないと理解できないようになる。つまり、小学校における英語とは、中学校や高校のそれとは別世界、別次元、別文化であると理解する必要がある。

やるべき授業への秘策

1. 今時の中学校の授業を見て知る。
2. 文法用語、文法は説明しない。
3. 子どもが英語を間違った際には、まず褒める。

1. 今時の中学校の授業を見て知る。

　中学校、高等学校の英語の授業は数年前から大きく変化している。例えば、授業は英語で進めることが求められており、昔のように教科書の英文を読む時以外All Japaneseの先生は、ほとんどいなくなった。もし、いたとしたら、それは化石に近い。

　また、英文を日本語に訳させる訳読 (ちなみに、私は訳毒と呼ぶ) をさせる教員も少なくなった。日本語に訳すことは、英語自体を理解することではなく、日本語を聞いたり読んだりすることで、英語を分かった気にさせることであり、効果が薄い。このことが、ようやく教師にも理解されるようになってきた。しかも、昔は、英文を文末から訳すなど、英語運用能力向上の妨げにもなる教え方をしていた教師もいた。これはもうカンブリア紀の化石状態である。

　そして、昔は文法説明に多くの時間を費やす教員がいた。これも労多くして功少なしである。今では、説明は簡単にし、その文法事項を活用して言語活動 (やり取りや英作文等) を行わせながら定着を図るのが王道となっている。

　これらが、かつての指導方法と大きく変わった点である。これらを念頭に、近隣の中学校や高等学校の授業を参観させてもらうことである。もちろん、かつての文法中心の授業や訳読中心の授業、All Japaneseの授業も残っているかもしれないが、それは国がめざしている授業とは真逆のものである。その教師は教え方の信念を変えない自信家か、残念な人かのどちらかである。

2. 文法用語、文法事項は説明しない。

　中学校や高等学校では、以前のように文法用語を用いて文法事項を説明することは少なくなった。それよりも、実際に使わせてみて、活用できるようにさせることの方が重要なこととなっている。小学校においても、文法用語を使ったり、文法の説明をする必要は一切ない。

　ここで、あえて小学校で学習する表現を中学校の文法事項に照らし合わせてみると、以下の事柄を学習することになる。

⑴　be 動詞の平叙文、疑問文、否定文 (am / are / is)

⑵　一般動詞 (3 人称単数現在以外) の平叙文、疑問文、否定文

⑶　疑問詞 (what / who / when / where / why / how)

⑷　命令文 (Turn left. / Go straight.) など

⑸　接続詞 (and / but)

⑹　前置詞 (on / in / by / under / at / to)

⑺　不定詞 (I want to eat curry and rice.)

⑻　複数形 (apples / dogs)

⑼　過去形 (ate / went / saw / enjoyed)

⑽　動名詞 (I like playing tennis.)

⑾　SVO (I have a pen.)

⑿　SVC (He is famous.)

　これらの多くは、中学校 1 年生で学習する文法事項となっている。しかし、小学校では音声を中心に、英語を聞き取らせたり、口頭で活用できるように慣れさせたり、書き写させたりする。そして、中学校から継続して体系的に学び、定着を図らせていく。例えば、小学校で学習する "What do you want to be?" は、文法事項として捉えると難しい事項である。その点は中学校に任せるとして、小学校では、この表現を使用場面のイメージを持たせながら活用させることで、その時の記憶や体験が中学校での確実な定着へとつながる。

3．子どもが英語を間違った際には、まず褒める。

　子どもは正確に英語を話したり、書いたりできるわけではない。普段の生活の中に英語は存在していないので、間違うのは当然である。しかし、教師の中には間違いを指摘したり、直したりしたいと思う時がある。例えば、

　児童：I have two dog.

　教師：dog じゃなく dogs でしょう。もう一度言ってみて。

　児童：I have dogs.

　教師：あれ、two は。

　これほど言われたら、子どもが英語嫌いになるのも当然である。では、どのように対応すべきか。

　児童：I have two dog.

　教師：OK．Two dogs.

　一応、言ったことを褒めた上で、訂正したい個所を子どもに聞こえる程度につぶやくのである。ここで、大きな声で"Two dogs."などと言うと、間違ったことを強調するように聞こえ、プライドのある子どもは厳しい叱責と思い、やる気を削がれることにもつながる。

　書くことにおいても同じことが言える。子どもが"I Play basebal."とノートに書いていた場合、教師が"I Play basebal."と訂正線を入れ、正しく欄外に play と baseball と書き直す場合がある。これはもっての外である。もし子どもに直接伝えることができれば、「1階と2階にいるPさんを地下1階と地上1階に下ろしてあげましょう」とか、「ball の長い線は2本あります」など、面白い説明をすると子どもは安心し、書くことに抵抗感を感じずに書き直すことができる。

　このように間違いを直す際には、さりげなく話しかけることである。また、文字や表現を書いた際には、言葉で褒めるか、ノートにちょっとした褒め言葉を書き入れるのも良い。それほど、子どもにとっては、書くことのハードルは高いのである。

先生：How are you?
児童：I'm fine.
先生：Soma-san.　お腹痛いの？
児童：I'm fine....

 **お決まりの挨拶**

NGポイント

　教師とAIロボットとの会話で実際にあった話である。いつも教師や子どもがAIロボットに曜日や日にちを聞くので、AIロボットが"I'm not a calender."と言って、答えなくなったそうである。また、かつて教師が"How are you?"と尋ねると、全ての子どもが"I'm fine."と答えていた。風邪をひいていても、お腹が痛くても全員"I'm fine."である。これは、他の答え方を教えず、"I'm fine."が答えとして習慣化し、意識せずに口だけを動かしているのである。授業開始時に、いつも同じ内容、つまらない問答では子どもも飽きてしまい、興味を持たなくなる。

やるべき授業への秘策

1. 挨拶に変化をつける。
2. 子どもに挨拶を任せる。
3. 授業のつかみはティーチャーズ・トークで。

1. 挨拶に変化をつける。

　授業を開始する際には、まるで三種の神器のように "What day is it today?" や "What is the date today?"、そして、"How is the weather today?" のオンパレードである。子どもたちも心得たもので、黒板の日付を見ながらぼそぼそと答える。3、4年で習慣化を図るのであれば、これも理解できるが、5、6年でも同じことを繰り返している。すでに、子どもたちは考えずに即答している。もっと効果的で知的な挨拶の方法を考えるべきである。例えば、次のように子どもたちに尋ねてみる。

> 教師：What day is it today? Wednesday?
> 児童：No!
> 教師：Thursday?
> 児童：Yes. Today is Thursday.
> 同じように、天候を尋ねる時にも、
> ALT：How is the weather today? Sunny?
> 児童：No!
> ALT：Cloudy?
> 児童：Yes. It's cloudy.

　このように、教師の話を聞かないと答えられない状況をつくる。これで、他の曜日や天気の言い方も聞くことができる。もし、表現や答え方に慣れてきたら、挨拶は無くても良い。担任が授業を行うのであれば、朝から子どもたちに接しているのに、今更挨拶でもあるまい。

2. 子どもに挨拶を任せる。

　授業では、教師が初めの挨拶をする必要もない。子どもに当番として行わせても良い。例えば、次のように行う。

教師：Hello.

児童(全員)：Hello.

教師：Mai-san, come to the front.(当番を指名する)

当番：Yes. Hello, everyone.(教室の前で挨拶をする)

児童(全員)：Hello.

当番：I'm Tanaka Mai. Today is October 5th. It's Wednesday.

児童(全員)：Yes. How is the weather?(天気を質問する)

当番：It's sunny. Do you have any questions?

児童(手を挙げて)：Yes.

当番：Haruki-san, please.

児童：Yes. What food do you like?

当番：I like pizza and sushi.

児童：Thank you.

当番：OK. Let's start English class.

児童：Let's start.

　以上のように行わせる。一見難しそうに見えるが、慣れてくるとそれほどでもない。出席番号順に毎時間一人一人に行わせるが、状況によっては、慣れるまで当番を2人にし、役割を2人で決めさせたり、事前に練習させたりする。

　教師が一方的に挨拶を行うのでは変化に乏しく、表現もいつも同じである。しかし、子どもが当番になると、他の子どもから質問が投げかけられるので、集中して聞く必要がある。そして、その質問に適切に答える必要があることから定着も早くなる。

3. 授業のつかみはティーチャーズ・トークで。

　私は授業の成否は、授業開始時の「つかみ」にあると思っている。教師によっては、日本語で面白い話や、教師の周りで起こった興味深い話などをして、子どもたちを笑わせたり、場を和ませたりする。しかし、これは本筋ではない。英語の授業であるならば、英語で同じことを話すのが筋である。このような話をティーチャーズ・トークまたはスモールトークと呼ぶ。例えば、以下のような面白い話や子どもが興味を持つクイズなどを聞かせる。

Hello.

Today, I have two quizzes. First quiz. What does a dog say in English? (Hint) Wan-wan in Japanese.

Second quiz. What kind of animal is this, 'squeak, squeak'? (Hint) Disneyland.

　なぞなぞやクイズ、スリーヒントクイズなどは子どもたちが興味を持って聞くものである。

　また、子どもたちは教師の日常生活に興味を持っており、それを聞くのが好きである。例えば、以下のような話を聞かせる（6年で過去形を学習する時などに）。

Yesterday, I went to the supermarket. I met Kitano sensei there. She bought many *natto*. I asked her, "Who will eat so many *natto*?" She said, "I will eat all of them." "Why?" She said, "It's good for health and beauty." "Wow!"

などと、子どもたちの知っている教員を登場させてみる。

　このように、挨拶だけを習慣化するのではなく、子どもたちに少しでも興味を持たせて英語に触れさせる時間とする。

やってはいけない　指　導　case**10**

先生：黒板の文字を正しく書き写しましょう（黒板にはＱの文字）。
児童：あ、お母さんの大好物。
先生：え？
児童：僕書けるよ。キュウリのＱちゃん。

STOP 正しく書きなさい

NGポイント

　子どもにとって、英語を書くことは非常にハードルの高いことである。普段から英語の文字や単語を意識して見てはおらず、記号として認知している程度なので、書き写す作業さえ至難の業である。しかも、それを正しく書き写すようにと言われると、更にハードルが高くなる。文字の形や高さ、単語の綴りなどに細心の注意を払っても間違ってしまう。そして、書くことを含めて英語が嫌いになる。教師はどうしても書くことに正しさを求めるが、初期段階では、それが子どもにどれほど悪影響を及ぼすことになるのか理解すべきである。

やるべき授業への秘策
1. 間違ってもいい、まずは書かせてみる。
2. 間違いを正すには、子どもの力も借りる。
3. 読み書き障がいの子どもへの対応を考える。

1. 間違ってもいい、まずは書かせてみる。

　子どもにとって、普段から目にしていない文字や単語を正しく書くことは難しいことである。大人のように、普段から見慣れていると何でもないように思うが、子どもにとって英語の文字は宇宙語的感覚で捉えてしまう。したがって、正しく書けないのが当然と思うことから始めることである。

　そして、子どもには「間違ってもいいよ、まずは書いてみよう」と伝える。少しでも子どもの情意フィルターを下げ、間違っていたことを叱らず、そして、書き始めたことを褒めることである。「綺麗に書けているね」「Aの文字が素敵だよ」「単語と単語の間隔がいいね」など、子どもが書いたものについて、どこでも構わないので、まずは褒めること。そして、褒められたことに自信を持たせて、書く楽しさを体験させることが基本である。

　また、書かせる際には、音声を基に書かせることを忘れてはならない。教師は事前に全体の前で文字や単語について発音したり、悩んでいる子どもの傍らでその語を発音したりする。これは、音を文字化する時の手法である。子どもたちにも書く際には、発音しながら書く習慣を身に付けさせる。そして、音と文字との一体化をめざすのである。

　例え文字や綴りが間違っていたとしても、音声が正しくインプットされていれば、訂正するのはそれほど難しいことではない。音が文字や単語を書く際の支えとなるからである。

2. 間違いを正すには、子どもの力も借りる。

　では、間違っていた場合にはどのように訂正するか。先に記したように、まずは書いたことについて褒める。しかし、間違っていたところを単純に赤ペンで訂正し、子どもに返却するのでは効果は期待できない。ここは、優しい言葉掛けをしながら、子ども自身で直させることである。子どものノートやワークシートを後で教師が確認する場合には、コメントを書き添えることも必要になる。例えば、appleがaPPleとなっていたら、「appleのpは恥ずかしがり屋さんで、他よりも出しゃばって大きく見せることが苦手なの。aやeと同じ高さにしてあげてね。それに、寒がり屋さんなので、足は布団の中に入れておきます（4線の下から2本目の線を布団とした場合）」などといって、記憶に残る話をして、間違いを意識して訂正させる。

　また、子ども同士で間違いの訂正をさせることも効果がある。文字や単語を書いたノートやワークシートをペアで交換させて、間違っていた場合には訂正させる。これを行うためには、相手のものを確認して、正誤判断しなければならない。そこで、自ら書いたものと比較したり、テキストを再確認したりするなど、正しいものを何度も確認することになる。これにより、正しく書かなければならないという意識が芽生え始める。教師が間違いを指摘する以上に、子ども同士の関係が間違いに対して敏感にさせる。ただし、ここでも「相手の子が分かりやすいように、丁寧に書いてあげましょう」や、子どもの状況によっては、「ここで間違うと、相手の子も間違って覚えてしまうかもしれないよ」などと伝えると、誰でもが相手の見本となるように正しく書き始める。

　なお、6年で文章を書かせる際には、単語一つ一つの間違いや、ピリオド、クエッションマークなどの記号の間違いを細部に渡って指摘することは避け、文と文とのつながりや文章の流れを重視して伝えていくことが大切になる。このことに子どもの頃から慣れさせておくと、それ以後の英語学習の財産となる。

3. 読み書き障がいの子どもへの対応を考える。

　文字や単語を書き写す際に、何度も間違う子どもや、アルファベットの文字が定着しない子どもの話をよく聞くことがある。これは、書こうとしてもできないのか、それとも、集中せずにいい加減に書いたり読んだりしてできないのかのどちらかである。前者は、学習障がい（LD：Learning Disability）を持った子の場合が考えられる。その中でも、特に文字の読み書きに困難を生じる障がい（ディスレクシア：dyslexia）の可能性が考えられる。アメリカでは英語を聞いたり話したりすることには何の問題も生じないのに、読むことや書くことに困難を感じる人が、全体で15％程度いるとされる。かのトム・クルーズも同様である。大学入試ではこのような人のために、試験問題が別に用意されている。アメリカは進んでいるが、日本はまだまだ発展途上である。アメリカで15％存在するとすれば、日本でも同程度の子どもがいることは想定できる。30人クラスとすれば、3、4人の子どもがいることになる。昔の中学校では、教師が「5回書いても書けないなら、10回書いてこい」などと生徒を叱りつけていたものである。しかし、書くことの難しい子どもにとっては、何度書いても上手くはいかず、子どもが可哀想なだけである。

　そこで、子どもたちに書かせたり綴らせたりしてみて、困難を抱えている子どもがいるとしたら、専門の施設や専門の方に判断してもらう。そして、読み書き障がいをもっている子どもであれば、書くことや読むことは強制せずに、聞くことや話すことに重点をおいて指導することも一つである。これは、保護者も交えて、より良い方向性を考えていくべきである。

　私が経験したケース（高校）では、入学試験において、国語、数学、理科、社会がほぼ満点なのに対し、英語は記号の部分だけ正解して入学した生徒がいた。アルファベットの文字を1年間学習し続けたが定着には至らなかった。これは30年程前の話で、ディスレクシアなど分からなかった当時のことでる。今となっては、悔やまれる事例である。

先生：What food do you like?
児童：なんて読むのですか。
先生：ファット フード ドゥ ユー ライク（板書）。一緒に読んで。
児童：ファット フード ドゥ ユー ライク。

 カタカナのルビをふる

NGポイント

　英語の発音は基本的にカタカナで表記することはできない。しかし、子どもが発音できないと困ると考え、単語や表現にカタカナのルビをふる教師がいる。気持ちは分かるが、これは、逆効果である。子どもにとってはカタカナのルビは読む際の拠りどころにはなるが、視線は常にカタカナだけに注がれ、英語を見ようとはしない。その結果、常にカタカナがないと発音できない子どもが育ってしまう。そして、「先生、なんて読むのですか？」が口癖になり、それに呼応するように、カタカナでの読み方を板書する悪循環が生まれる。

やるべき授業への秘策

1. 基本はカタカナのルビをふらない。
2. 聞こえたままをカタカナで記入させる。
3. 英語の発音は「そのようなものだ」と思わせる。

1. 基本はカタカナのルビをふらない。

　先に述べたように、英語の発音をカタカナで表記することは困難である。特に英語は子音で終わる場合が多く、母音で終わる日本語とは大きく異なる。例えば、andをカタカナ表記すると「アンド」と書くのが一般的である。しかし、実際に「アンド」と発音することはほぼ無い。これをカタカナで書くとすればむしろ「アン」や「エン」くらいが近い。しかし、日本人にとって、「アン」や「エン」より「アンド」と発音する方が安心する。だからこそ、「アンド」は「安堵」なのである（笑）。

　現在、カタカナ辞典が市販されてはいるが、それも完璧ではない。また、高校の英語の教科書の中には、単語にカタカナのルビをふっているものもある。これらは必要に迫られてそうしているだけで、決してこれが王道ではない。

　では、どうするのが適切か。その答えは、絶対にカタカナのルビをふらないことである。英語を見ずにカタカナを見るようでは本末転倒である。いつになっても英語など読めるようにはならない。そこで、英語の単語や表現を見ながら同時に発音を聞き、頭の中で音と綴りとをつなぎ合わせる作業を行わせることである。しかし、これは一朝一夕にはできない。当然である。そこで、何度も何度も繰り返しスパイラルに文字を見せながら音を聞かせる。こうすることで、音と綴りとの関係が徐々に分かってくる。小学校ではこの程度まで達することで十分である。そして、中学校に進み、自分自身でこのルールを理解し体得し始める。これが重要なのである。

2. 聞こえたままをカタカナで記入させる。

　支援の必要な子どもや、英語に対してひどい抵抗感を示す子どもに対して、教師の中には少しでも英語を分からせたい、少しでも英語らしい発音をさせたいと思い、理屈は分かっていても、発音をカタカナで示す人がいる。この気持ちは痛いほど分かる。では、このような場合にはどうするのがよいか。

　まず、教師がカタカナで読みを示すのではなく、子どもに英語を聞かせて、聞こえたままをカタカナで書かせることである。例えば、ALT がandを発音した場合、子どもの多くは「アン」や「ア」などとカタカナにするはずであろう。しかし、「アンド」と書く子どもがいたとしたら、この子どもは、and＝「アンド」と発音する日本語的な知識が既に刷り込まれている。このような子どもには、再度、ALT に発音をさせ、本当に「アンド」と発音していたかを問うことである。間違って刷り込まれたものは、早い段階で訂正しておく必要がある。

　また、次のような指導も効果的である。

ALT：What subject do you like?

担任：Whatはどう聞こえた？

児童：ワ、かな？

担任：subjectは？

児童：サブジェク、かな？

担任：そうだね。書くと、ワ サブジェク ドゥ ユ ライクだね。

児童：ワ サブジェク ドゥ ユ ライク

ALT：OK. Repeat after me. What subject do you like?

児童：ワ サブジェク ドゥ ユ ライク。

　このように、子どもに聞こえた音を確認したり、聞こえたままを子どもたちに書かせたりして、少しでも英語の発音に近付けていくことである。これならば、カタカナも無駄にはならない。

3. 英語の発音は「そのようなものだ」と思わせる。

　子どもの中には、単語の発音について、なぜそのように発音するのかと不思議に思う子どもがいる。また、その理由を知りたいと思う子どももいる。しかし、発音については、理由や理屈より「そのようなものだ」と思わせることである。1＋1はなぜ2になるのかと同じことである。理屈を考えると夜も眠れない。確かに、英語の発音には基本的なルールは存在するが、しかし不規則なものも多くある。このような知識は中学校や高校で知り、専門的には大学で学ぶ。小学校では、まずその音に慣れさせることが重要である。

　英語の音には日本語にはない音がある。また、ローマ字読みとも異なる。発音は異文化であり、異体験である。私が子どもの頃、「二者択一の」を意味する語alternativeを、「アルターナティブ」とローマ字読みを併用して自分勝手に発音していた。しかし、初めて「オーターナティヴ」の音を耳にして、全く異なることに気付いた。それ以来「アルターナティブ」などと発音することはない。同じように、「地元の」を意味する語localは、日本語で「ローカル」、英語の教師も「ローカル」と発音していた。しかし、アメリカに行くと「ロコ」としか聞こえない。最近の駅構内の放送でも「ロコ トレイン」と発音していることに気付くだろう。また、「乗り物」を意味する語vehicleは、「ビークル」と習ったのに、アメリカでは「ビワコー」としか聞こえない。思わず滋賀県の琵琶湖で何かがあったのかと思うほどである。

　このように、発音には我々の思い込みが多く含まれており、学校で習った英語が全然通じないなどのことが起こる。そこで、相手に通じる発音、伝わる発音を子どもたちに理屈なしに身に付けさせることが必要になる。そのためには、モデルとなる英語をデジタル教材などから聞き、それを何度も真似させることである。もちろん、教師もその発音を真似て、子どもたちの前で発音することが必要になる。それが一番の近道で、カタカナ読みでは遠回りとなるだけである。

ALT : Good job, Kenji.
児童：Thank you.　ステッカーください。
先生：Sorry.　There are no stickers anymore.
児童：え〜！　じゃあ、頑張るんじゃなかった。

 ステッカーでやる気UP！

NGポイント

　ALTが子どもにやる気を出させるために、課題などができた子どもにご褒美としてステッカーを与え、それを日本人の教師も真似している場合がある。しかし、これはモノで子どもを釣ることになる。これを繰り返すと、何かできる度にモノを欲しがりかねない。そして、最悪の場合には、モノをもらえないと、何もしない子どもが育ってしまう。躾としてはよくない方法である。モノに頼らない指導が大切で、英語そのものに興味や関心を持たせることである。

やるべき授業への秘策

1. モノを与えるより褒め言葉を。
2. 競争心より質の高さを求める。
3. さまざまな仕掛けを工夫する。

1. モノを与えるより褒め言葉を。

　子どもはステッカーなどのモノをもらうと嬉しいものである。しかし、それもそのうちに飽きる。モノをもらえない子どもは、初めは一生懸命に頑張るが、そのうちモノなどどうでもよくなる。モノはいっときの欲を満たすが、時間が経てば価値のないものになる。しかも、英語は他の授業同様、学校教育の一環である。教師自身が魅力を持って、興味付けを行うのが筋である。モノで釣らず、授業で勝負することである。

　では、モノに代わり、子どもにやる気を出させ、達成感を持たせるにはどうするか。それは、昔から「褒め上手は授業上手」と言われるように、教師が褒めたり、称賛したり、他の子どもたちに拍手を送らせたり、上手なモデルとして子どもたちの前で披露させたりすることである。

　そこで大切なことは、教師の言葉掛けである。以下のような言葉を必ずかける。ただ口にするだけではなく、大きな声で、他の子どもにも聞こえるように、そして、オーバーアクションも同時に加える。例えば、

> (1) 「よくできたね」と褒める場合
>
> Good! Great! Nice! Good job! Well done!
>
> (2) 更に「すごい！」と強調する場合
>
> Excellent! Fantastic! Perfect! Wonderful! Marvelous!
>
> (3) 間違っていても、やる気にさせる魔法の言葉
>
> You can do it. It's OK to make mistakes.

以上の言葉を常にかけることで、モノ以上の成果が得られる。

2. 競争心より質の高さを求める。

　ステッカーなどは、ゲームや課題をいち早く完成させた子どもに、ご褒美として贈るのが一般的である。これは、単に子どもの競争心を煽っているだけである。早い者勝ち、早くできれば良いという考えが子どもを支配する。これにより、思考なく速さだけを求める活動が横行する。

　そこで、速さより質の向上をめざす活動を工夫する必要がある。そして、ステッカーではなく、知的な活動を行った子どもに対して、何が良かったのか、何が優れていたのかを具体的に、質の良さとして全体に周知することである。これは、褒められた子どもの自信につながるばかりでなく、他の子どもの改善にもつながる。まさにこれは、渋沢栄一が国民の皆が富むのを望んだように、子ども皆が知識や技術、能力を向上させるのに役立つ。具体的には次のようなことである。

---

(1) 誕生日を尋ね合う場面で

　　①児童A：When is your birthday?

　　　児童B：October 6th.

　　　教師：Good!

　　②児童C：When is your birthday?

　　　児童D：It's December 28th.

　　　教師：Marvelous!　Dさんは、誕生日を言う時には、はじめにIt's〜と言っていましたね。文をIt isやIt'sから始めると丁寧に聞こえますよね。よく知っていましたね。

(2) 自己紹介のスピーチで

　　児童E：I like sushi, pizza, and ice cream.　Thank you.

　　教師：Excellent!　Eさんは、好きなものを3つも話してくれましたね。A, B, and Cですね。拍手！

---

3. さまざまな仕掛けを工夫する。

　モノや言葉掛けの他にも、子どもをやる気にさせる方策は数え切れないほど考えられる。

(1) ノートやプリントの確認の際に

　昔から、子どものノートやプリント類を確認した際には、教師は花マルやスタンプを利用してきた。ここは英語の授業である。当然、確認のサインとして、内容を確認した後に、先に示した英語Good!／Great!／Nice!／Good job!／Well done!／Excellent!／Fantastic!／Perfect!／Wonderful!／Marvelou!／Super!などを朱書きしても良い。子どもは英語で評価されることで、英語を目にし、英語の雰囲気に浸ることができる。そこで、教師自身で、この褒め言葉の順位（レベル）を決め、子どもに伝えておく。例えば、Good／Good job／Excellent／Perfectの順で、完成度が徐々に上がっていくなどである。

(2) 作品や原稿にはイラストを添えさせる

　英語でさまざまな作品や原稿を作成させる際には、英語の他に、イラストも同時に描かせると良い。これは、子どもの英語が無茶苦茶だったとしても、イラストによって子どもの書きたいことが分かり、英語を修正させる際に役立つ。また、英語そのものを褒めづらい時には、本筋ではないがイラストを褒めることもできる。

(3) 教室の左右、後方の壁や黒板を有効利用する

　教室の左右、後方の壁や黒板は美術館の展示壁面のようなものである。子どもたちが英語の授業で作成した作品を、書写の作品と同様に展示する。しかし、ただ展示するのではなく、色紙で短冊を作り、さまざまな賞を作って貼る。優秀賞などではつまらないので、「よく伝わるで賞」「ユニークで賞」「絵がかわいいで賞」など、その都度、賞の名称を変えながら、全ての子どもたちが元気になる賞を与えることである。

児童：先生、何しているんですか。
担任：さっきやった国語のテストの採点。
児童：わぁ！
担任：さぁ、前向いて英語の勉強して。

専科教員にお任せ

NGポイント

　英語の専科教員の中には中高の英語の免許状を持っていても、小学校での授業経験が無い人もいる。地域によっては、中高の英語教諭希望なのに小学校で講師として採用されている場合や、市町村教育委員会からの要請で中学校教諭が小学校で教えている場合もある。このような教師に対しても、担任は専科教員だからといって、完全に任せている場合がある。子どもにとっては、理科や音楽などとは異なり、分からないことや不安なことが多い英語で、子ども理解もままならない教師に全てを任せていたのでは、英語嫌いに直結させてしまいかねない。

やるべき授業への秘策

1. 担任も授業に陰ながら参加する。
2. 子どもの情報を密に交わす。
3. 専科教員の多量な仕事量を軽減させる。

1. 担任も授業に陰ながら参加する。

　全国の小学校で、中高の英語の免許状を持った教師の数は少なく、貴重な存在である。ただし、令和5 (2023) 年3月以降に大学を卒業し、新たに教師になる人は、小学校の免許状に、指導できる教科として外国語 (英語) が加えられる。これは、他の教科同様、大学で教科教育法「外国語」と外国語「英語」の2科目が必修となり、合計30時間履修することで可能となる。今までよりは、英語指導の基礎・基本を身に付けて、小学校での指導に当たることになる。

　しかし、これらの教師ではまだまだ経験が浅いことから、専科教員を担うには荷が重すぎる。ましてや従来の「外国語活動」や「外国語」の専科教員に全てお任せするとうまくいかない場合がある。やはりここは、可能な限り担任が授業に入り、見守ることである。子ども一人一人の性格や特徴を知り得ているのは、担任以外には考えられない。子どもにとって未知なる言語を学習する授業はとても不安である。このマイナス面を緩和するためにも、授業に陰ながら参加し、子どもに温かい言葉をかけたり、専科教員の手伝いをしたりして、どちらにも安心して授業に臨んでもらうことである。

　また、中高の英語の免許状を持ち、長年児童英語や英語塾等でスキル中心に指導してきた人が専科教員として配属されることがある。こうした場合、自分自身の勝手な考えで、スキル中心などの指導に走ることのないように、常に状況を把握する必要がある。このように担任は、子ども一人一人を英語嫌いにしないためにも、授業を見守る必要がある。

2．子どもの情報を密に交わす。

　専科教員の中には、小学校独特の文化や状況を理解していない人も多い。また、中学校や高校での英語教育を是として、中高の授業と同じような指導を行う人もいる。そのような専科教員のためにも、さまざまな情報を知識として伝えることが必要になる。

　さらに、専科教員の中には、子どもについての理解ができていない人もいる。そこで、小学生とはどのような存在なのかを伝えるとともに、子ども一人一人の情報を常に伝えることである。これを伝えることができるのは担任だけである。子どもの置かれている状況、家庭環境、保護者との関係など、担任は家庭訪問や保護者との面談、子どもから聞いた話などさまざまな情報を得ながら、毎日の指導に当たっている。これで子どもを真っすぐに成長させることができている。この情報なくして英語の指導はなし得ない。例えば、家庭のもめごとを抱えたままの子どもに、授業に集中していないと頭ごなしに叱ると、子どもは学習を放棄しかねない。このように子どもの機微に配慮しないことや、ちょっとした一言が子どもを傷付け、英語に拒否反応を示すようになる。

　そこで、専科教員に授業に影響するような情報を授業前に伝えることである。もちろん、個人情報的なことではなく、当日の体調や、授業に気持ちが向かわない理由などを伝えておくことである。これにより、専科教員と子どもとの必要のない軋轢を排除することができる。例えば、担任から次のような情報を伝える。

　　①梓さん、今日は風邪気味で調子が悪いようなので、無理をさせないでください。

　　②翔さん、昨日お父さんにひどく叱られて、今日ちょっと落ち込んでいます。反発するかもしれないので、様子を見ておいてもらえますか。

　　③麻衣さん、先週、足首を捻挫して松葉杖を使っています。教室内を歩いてのインタビュー活動は大変なので、配慮をお願いします。

　このように、ちょっとした情報が子どもと専科教員を救うのである。

3. 専科教員の多量な仕事量を軽減させる。

　専科教員は、１科目だけを指導するので一見楽そうに見えるかもしれない。しかし、そうではない。教師にもよるが、１校だけでは授業時間数（例えば週20コマ）を満たさないので、２校、３校と学校を回って授業をしている人もいる。その授業ごとの教材・教具を揃えることも大変な労力である（中学校や高校での指導経験のみの教員は教材・教具は用いずに、教科書やテキストだけで授業する傾向がある。このような場合には、まず、教材・教具の必要性を説く必要がある）。そこで、担任や学年の教師ができることは、学校にある教材・教具を使わせてあげることである。それでも足りない場合には、時間の許す限り、子どもの興味・関心に合った教材・教具のアイデアを伝え、作成の手伝いをする。このような点から、教師の教材・教具の作成技能を向上させることもできる。

　また、学期末の評価業務も膨大である。専科教員によっては、子ども500人以上の評価をしなければならないこともある。領域の「外国語活動」は文言表記であり、教科「外国語」では、さまざまな活動の情報を観点別評価にまとめなければならない。これらは、毎学期末の頭痛の種である。

　そこで、少しでも専科教員の仕事量を軽減させるためにも、担任などが手伝うことにする。地域や学校にもよるが、評価を出す際のコンピュータ入力を手伝ったり、基本的な文言例を提示したりすることは造作のないことである。特に「外国語活動」においては、形成的評価も含める場合には、常日頃子どもの状況が分かっている担任の情報は欠かせない。例えば以下のようなことが考えられる。

　　担任：梓さんは、みんなの前で声を出すことが難しい子です。英語の
　　　　　授業であれほど頑張って声を出しているのはすごいことです。
　　専科：確かに、他の子よりは小さい声ですが、みんなに聞こえないほ
　　　　　どではありません。
　　担任：主体的に取り組んでいる姿は評価できますよね。

担任：今日も英語の宿題はありません。
児童：やったぁ！
担任：みんな、嬉しそうね。
児童：だって、英語が好きなのは宿題がないから。

 宿題を出さない

NGポイント

　英語の宿題を出さない教師が多い。学校によっては、子どもの家庭環境に配慮して、他の教科同様、全く宿題を出さないところがある。しかし、これではテレビを見るか、ゲームをするか、はたまた遊びに出るかで、学習する習慣など身に付かない。それなのに学力向上などと声高に叫ぶ。学ぶ習慣のない子どもに学校だけで学力を向上させることなど至難の業である。

　英語では、学力向上より、英語に慣れ親しませるための家庭学習が重要である。宿題を出さないのは手を抜いていることに他ならない。

やるべき授業への秘策

1. 宿題は必ず出す。
2. 宿題の内容を精査し、短時間完結型で。
3. 宿題の発表会をする。

1. 宿題は必ず出す。

　学習は何よりも習慣が大切である。この学習する習慣をいかに子どもたちに身に付けさせるかが問題である。しかし、子どもの家庭環境や状況によっては、それ以前の問題だと考える人も多い。確かにそれはそうかもしれない。しかし、ほんの少しの量、短時間でできることであれば、どのような状況下でも可能である。その積み重ねと考えるべきである。子どもは5分と集中できないとの研究もある。ましてや、英語の宿題など、長時間やることなど不可能に決まっている。それよりも、数分間でも、簡単なことでも、自宅で英語に触れさせることが重要なのである。学校での「外国語活動」や「外国語」の授業だけで、英語ができるようになった、使えるようになったなど夢のまた夢。学校以外に塾や英語学校で多くの時間英語に触れている子どもの方が、発音も英語もできるようになるのは当然である。これは、英語を聞いたり話したりしながら、英語に触れる回数が多いからである。全ての子どもがこのような環境下にはないので、学校の教師が、全ての子どもたちに英語を好きにさせ、使えるようにしなければならない。そのためにも、授業の他に自宅での宿題が必須なのである。これは、言語教育にとって、学校での授業時間数があまりにも少ないからでもある。

　家庭学習の習慣化、自ら学ぶ方法の習得、そして、英語に多くの回数触れることで、英語に対する抵抗感を減らし、慣れや習慣から、英語運用能力の向上を図ることができる。初めから教師が宿題など無理と考えるのは、子どもの可能性の芽を摘むことになる。

2. 宿題の内容を精査し、短時間完結型で。

　英語の宿題を子どもたちに出すには、それなりの戦略と戦術が必要になる。闇雲に宿題を出しても逆効果である。先に記したように、誰でもできる内容で、しかも短時間で出来上がることが鉄則である。そこで、目的別に宿題の内容を考えてみる。この場合、家族の手を借りずに一人でできる宿題にすることである。例えば、次のような宿題を出すことができる。

【「聞くこと」を中心に】

　教科書やテキストにはQRコードが付いている。これをスマートフォンや、個人に配布されているタブレットやPCに取り込んで、各ページにあるリスニング問題を1〜2題させる。時間にして数分で完成できる。これだけで十分である。正解を求めず、問題をやり遂げることをめざす。そして、授業の中で宿題の答え合わせをする。

【「聞くこと」「話すこと」「読むこと」を中心に】

　授業で学んだ単語や表現に慣れ親しませるために、音読練習の宿題を出す。ここでもQRコードを利用する。子どもに、聞こえたとおりの音声を真似て音読するように伝える。「外国語活動」のレベルでは、テキストを見ずに繰り返させる。また、「外国語」のレベルでは、教科書の綴りを目で追いながら同時に発音を繰り返させる。どちらの場合でも、家族の手伝いは不要である。これを5分程度繰り返すことで、子どもたちに達成感を持たせる。

【「書くこと」「読むこと」を中心に】

　単語を綴る練習や書き写しにおいても、QRコードを利用させる。音声とともに綴る練習をしたり、書き写させたりして、音と綴りとの関係を徐々に習得させていく。また、授業内でのやり取りや発表のために、英文を自ら考えて書く宿題（ノートやPCを使用）や、発表の準備として、英文を読む練習を宿題にすることもできる。そして、GIGAスクール構想で配布されたPCを活用して、音声を教師に送らせることもできる。

3. 宿題の発表会をする。

　自宅での数分の宿題としても、忘れてくる子どもや手を抜く子どもはいる。これをそのまま放置していては、宿題の習慣化が図れないばかりか、手を抜く習慣を身に付けさせてしまう。これは絶対に避けなければならない。宿題は教師がチェックすることはできるが、時間と労力は半端ではない。そこで、授業の開始時に、宿題発表会なる時間を設けてみる。数人の子どもに宿題の発音や読み方を全体の前で披露させる。これにより、明らかに練習してきたかどうかが分かる。練習してきたと判断がつく場合には、「上手くなってきたね」「よく練習してきたね」「先生よりうまくなったね」などと褒める。また、明らかに宿題をしてこないことが分かる場合や、手を抜いていることが分かる場合には、「惜しい。もう少し練習したら完璧なのに」「もう少し頑張ったら、誰よりも上手に言えるのに」など、子どもに自責の念を抱かせながら、再度、やる気を引き出す言葉をかける。

　また、書く練習を宿題にした場合には、代表者（明らかに宿題をしてきている子ども）を指名して、宿題の単語や表現を黒板に書かせる。この場合、「よく書けるようになったね」「練習したから、間違わずに書けるようになったね」などと本人を褒めると同時に、宿題をやってこなかった子どもに、再度やろうとする気持ちを起こさせる言葉をかける。

　発表練習を宿題とした場合には、授業の時より間違いなく言えるようになっていたり、流暢になっていたりする点を褒め称える。ほんの少しでも練習すると見違えるように上手になることを、再三再四子どもに伝えることが大事である。

　なお、宿題の発表会では、クラスの全ての子どもに行わせることは時間的に難しいため、数人に止め、その子どもを他の子どもの範とする。いつも決まったメンバーではなく、少しでも向上している子ども全員を対象に仕組んでいく。そして、宿題をすることが、子どもたちのプライドとなるように仕向けられたら大成功である。

担任：今日は、フルーツバスケットをします。
児童：わ〜！これ大好き。楽しみ！
担任：（終わった後）楽しかったですか。単語をいくつ覚えましたか。
児童：楽しかったです。でも、あまり単語は覚えていません。

 ## 楽しければ、それでよし

NGポイント

　上記の会話は、実際に私が目にした光景である。授業の中で、30分程度、新出単語を用いたフルーツバスケットをしていた。子どもたちは汗だくになって走り回っている。授業終了後、子どもたちに聞いた。「英語の授業楽しい？」「うん、すごく楽しい」、「あのフルーツバスケットで何の単語を言っていたの」「え〜と、え〜と、何だったかな」、「忘れた？」「え〜と、アップル！」。この程度なのである。子どもはゲームに夢中で、英語など眼中にない。このように英語の授業は楽しければそれで良いとする風潮がまだ見られる。これは、間違いである。

やるべき授業への秘策

1. 英語の授業は fun ではなく interest。
2. interest な授業をめざすために。
3. どのように、fun と interest を融合させるか。

1. 英語の授業は fun ではなく interest。

「楽しさ」を意味する英語には2種類ある。fun と interest である。fun には、「面白さ」「慰み」「ふざけ」「おかしさ」などの意味があり、interest には、「面白さ」「興味」「関心」「好奇心」などの意味がある。英語の授業は楽しく、面白ければそれで良いと考えている人の多くは、英語の授業＝ fun と考えている。しかし、これでは、ただのお遊びに過ぎず、中学校に入学するやいなや、小学校とのギャップを感じ、英語嫌いに早変わりする。子どもからは「小学校の授業は楽しかったのに」との言葉が吐かれる。

一方、楽しい中にも、知的で思考を伴う活動を取り入れると、子どもたちは興味や関心を持ちながら、英語でのやり取りや発表で達成感を感じ、それがプライドにもつながる。つまり、小学校での英語の授業は interest でなければならないのである。これは、幼稚園や保育園、認定こども園で行われている保育と同様である。一見、大人にはお遊びのようにも見えるが、実は幼稚園教諭や保育士が綿密な計画の基に、さまざまな子どもの育ちを図っているのである。

同様に、平成23（2011）年に初めて導入された「外国語活動」を見た人からは、あまりにも中高の英語とはかけ離れていたために、「こんなお遊びで良いのか」の声が飛んだ。しかし、この子どもたちが中学校に入学するや、発音の基礎ができていたり、物怖じせずに人前で英語を話したりする姿に、中学校の教師のみならず、世間は納得した。これも、周到に計画された interest な授業を行ってきた結果である。

2．interestな授業をめざすために。

　interestな授業とはどのようなもので、どのように構成していくべきであろうか。

　interestな授業は、子どもに知的に知りたい、やってみたいと興味・関心、好奇心を持たせることのできる内容でなければならない。授業の中で、発見や気付き、知ったことや理解できたことに喜びを感じさせられるかどうかである。

　例えば、食べ物について取り上げてみる。

（第1段階）

　・新出単語のモデルを参考に発音 (apple, peach, banana, strawberryなど) の練習をさせる。(訓練)

（第2段階）

　・ペアで定まった内容のスキット (Do you like apples? － Yes, I do. / What fruit do you like? － I like apples.) の練習をさせる。(訓練)

　ここまでは、語彙や表現の基礎・基本の型を学ばせるのに必要なことだが、子どもにとっては、あまり興味や関心を持つものではない。

（第3段階）

　・4人グループになり、果物を5種類 (cherry, watermelon, peach, strawberry, banana) に限定し、グループのメンバーの最も好きな果物がどれかを予想し、その予想が当たっているかどうかを尋ね合わせる。予想が当たった数が最も多い子どもの勝ちとする。(活用)

Name	Fruit	Question	○×
Mai	いちご	What fruit do you like? / Do you like ～?	○

（第4段階）

　・クラス全体で、学習した果物全ての中で人気のあるものベスト3を予想してワークシートに記入させる。そして、"What fruit do you like?"の表現を用いてインタビューし合う。ベスト3が当たった子どもを勝者とする。(活用)

3. どのように、funとinterestを融合させるか。

funの中に、いかにinterestの要素を入れ込むか。例えば、以下のカテゴリーの中で考えてみる。

【歌で】

例えば、授業の開始時によく歌われるHello Songを利用する。元々の歌詞は、'Hello! Hello! Hello, how are you? I'm fine, I'm fine. I hope that you are too.'である。これを自分の自己紹介の歌詞に替えて、カラオケで歌わせる。カラオケの音源がない場合にはアカペラでも構わない。

Hello! Hello! My name is Azusa. I like chocolate. I like badminton. Nice to meet you. Thank you.

この程度であれば、多くの子どもは楽しみながら歌えたり、聞くことができたりする。まさに、funとinterestの融合である。また、子どもに人気のHead, Shoulders, Knees, and Toesでも、さまざまな体の部位に替えながら、替え歌を作らせて発表させることも楽しい。

【チャンツで】

チャンツでは、ペアでの表現練習として、次のような型を練習する場合がある。

A：Do you like apples? B：Yes, I do. Do you like bananas?
A：No, I don't.

これを、ペアで下線部を自由に入れ替えて、掛け合いをさせる。

A：Do you like Kimetsunoyaiba? B：Yes, I do. Do you like Conan? A：Yes, I do.

【言語活動で】

スリーヒントクイズや、ペアで掛け合いの漫才を考え、披露させる。

A：(一部隠されたイラストを見せながら) Who is she?
B：She can eat kyushoku very fast.
A：Is she Kitano sensei?
B：Yes, she is. She can eat very fast.

ALT : Hiromi-san. What subject do you like?
児童：I like math very much.
担任：春輝さん、ひろみさんは何が好きだと言いましたか。
児童：算数です。

 ついやってしまう３つのこと

NGポイント

　授業で、思わずやってしまうことが３つある。１つ目は、「何人とお話できるかな」と、コミュニケーションの数や早さを競わせること。２つ目には、ひたすらリスニング（聞き取り）をさせた後に、練習もさせずに、言語活動（コミュニケーション活動）をさせること。３つ目には、ALTなどの質問に対して、子どもが英語で答えているのに、他の子どもに日本語で説明したり、日本語で内容を確認したりして、わざわざ日本語の世界に引き込もうとすること。これらは、一見問題無さそうにも見えるが、実は効果が薄いものである。

やるべき授業への秘策

1. 年齢に合わせ、量や回数より質の向上にシフトする。
2. リスニングはイントロ、本編はコーラス練習から。
3. 子どもをできる限り英語の世界に止める。

1. 年齢に合わせ、量や回数より質の向上にシフトする。

　クラス全体でのインタビューなどの言語活動 (コミュニケーション活動) では、単純なやり取り (例えば What color do you like ? － I like blue. など) をする場合には、何人の子どもと会話ができたか、誰が早く全ての子どもと話すことができたかなど、数や早さに重点を置きがちである。これは、英語導入期には必要なことではあるが、子どもの年齢とともに、ここから脱却する必要がある。ある小学校５年の授業を参観した時のことである。クラスのリーダー的存在の男の子が、子ども10人を教室の隅に集め、１回で"What color do you like ? "と尋ね、順に答えさせていた。知恵があるものだと感心はしたが、何の練習にもなっていない。

　そこで、子どもの年齢が上がるとともに、量より質の向上を図っていかないと効果は期待できない。例えば、やり取りに一工夫入れることで内容がガラリと変わる。

A : What color do you like ?

B : I like red. I have a red cap. I have a red pencil case.
　　How about you?

A : I like blue. I have a blue bag. I have a blue jacket.

B : Thank you.

などと、ただ色を尋ねるだけでなく、好きな色のものを２つ紹介することを条件に、やり取りを仕組んでいく。そして、数や早さではなく、相手の情報をしっかり聞き取ることを目的にする。

2. リスニングはイントロ、本編はコーラス練習から。

　デジタル教材やALTの音声を利用したリスニング(聞き取り)を何度も行った後に、すぐにペアやグループ、またはクラス全体での言語活動に進む教師がいる。これでは、まさにピーチクパーチクに他ならない。基礎・基本的なことが刷り込まれていない状態での言語活動は効果が薄い。中には音声を聞き流している子どももいる。リスニングは一方的なインプットであり、子どもはそのインプット情報を口頭でアウトプットしておらず、頭の中で言語システム(聞いたものを口頭で繰り返すことで、音声をより認識したり、意味理解につなげたりする)が構築されていない。インプットとアウトプットの練習なしに言語活動をしても、ゼロからの練習に等しく、効果が期待できない。そこで、次のような流れを構築する。

(1) デジタル教材やALTの音声の聞き取り
　リスニング(聞き取り)は授業のイントロと考え、次に行う練習や活動のイメージを持たせる。
(2) 絵カードやパワーポイントを使ったコーラス練習(口頭練習)
　イメージが湧いたところで、具体的に語句や表現のコーラス練習をする。インプットとアウトプットを繰り返すが、ここでも、モデルの音声を忠実に真似るように伝えることが大切である。
(3) ペアでの基礎・基本的なやり取り
　定型表現のスキットなどを、ペアで繰り返しながら、基礎・基本的な表現の定着をめざす。
(4) グループでの応用的なやり取り
　4人程度のグループになり、定着しつつある表現について、語彙を入れ替えたり、会話文の順番を変えたりして、臨機応変にやり取りができるようにする。
(5) クラス全体での自由なやり取り
　クラス全体で、学んだ表現を駆使しながら、自由に会話を楽しませる。

3. 子どもをできる限り英語の世界に止める。

　ALTの話す英語を日本語に逐一訳す教師がいる。難しい内容ならともかく、子どもでも分かる内容を日本語にする。これは、訳すことが習慣化しているのであろう。難しいことならいざ知らず、なぜ、全てを訳すのか分からない。日本語の翻訳能力を向上させるためなのかと揶揄したくもなる。特別の場合を除いて、日本語に訳すことは止めた方が良い。少々、難しい単語や表現が出てきたとしても、子どもたちに推測させたり、ALTに別の表現で言わせたり、ジェスチャーで表したりさせる方がよほど良い。これは、英語モードになっている授業や子どもの頭が、日本語を使うことで、全く英語を聞こうとしない日本語モードになってしまいかねないからである。

　また、ALTの話ならまだしも、子どもの発した英語が分からないと困ると判断して、ここでも日本語にする教師がいる。これは、もう英語の授業の体をなしていない。学習指導要領に書かれているとおり、推測の重要さを認識させることである。例えば、このように言ってみる。

　ALT：Hiromi-san, What did you do yesterday?
　児童：I went to the amusement park.
　ALT：Which amusement park did you go?
　児童：Hirakata park.
　ALT：I see. Thank you.
　これを聞いた教師は、他の子どもに確認する時に、
　教師：Where did Hiromi-san go yesterday?
　児童：え〜っと。
　教師：USJ? Ikoma amusement park?
　児童：Hirakata park.
　教師：Yes. That's right.

ヒントを出しながら、子どもに考えさせて、正解に導くのである。

先生：ふり返りシートを書きましたか。
児童：はい、書きました。
先生：全て「よくできた」だね。
児童：はい、いつもそう書くことにしています。

 毎回のふり返りシート

NGポイント

　授業の終わりに、ふり返りシート（ふり返りカード）を子どもに書かせる教師は多い。学年当初は、子どもたちは授業を思い出して一生懸命書いているものだが、回数とともに手を抜く子どもも多くなる。それでも教師は子どもを信じて、よくできたと書かれていることに満足している。子どもは、日々良い意味でも悪い意味でも成長していくものである。このようなシート類は、評価の時のポートフォリオとしての価値はなく、利用すべきではない。いい加減に回答させないためにも仕掛けと工夫が必要になる。

やるべき授業への秘策

1. 思い切ってふり返りの時間を無くす。
2. 選択質問を無くし、文言だけにする。
3. 紙を使わないふり返りを工夫する。

1. 思い切ってふり返りの時間を無くす。

　ふり返りの時間を授業の終わりに行う場合、ふり返りシートを書かせたり、子どもの意見を聞いたりして、少なくとも5分から10分の時間が必要になる。もしこれを毎時間5分ずつ繰り返したとして、「外国語活動」では年間35回×5分＝175分＝約3時間もの貴重な時間が費やされる。一方、「外国語」では、この倍の約6時間もの時間となる。これほどまでに、ふり返りに時間をかける価値があるのだろうか。コストパフォーマンス的には無駄かもしれない。しかも、子どもたちが真剣に取り組まず、慣れや習慣で手を抜くのでは全く価値がない。

　ある市では一環して、ふり返りの時間を取っていない。これは、時間がもったいないとの理由からで、指導にかける時間を十分に確保するねらいがある。その代わりに、授業内で子どもの観察を十分に行い、子どもとのインターラクション（やり取り）、例えば、教師が子どもに"Do you understand?" "Are you OK?"などの言葉掛けを繰り返しながら、子どもにできたかどうか、達成できたかどうかを自覚させている。これならば、あえてふり返りの時間を設ける必要もない。

　そこで、授業の中に当然あるものとしてきたふり返りの時間を無くすことも十分に考えられる。無理・無駄なことは極力排除することで効率を上げ、教師の多忙さを多少なりとも軽減させる。一度、学校や学年で考えてみてはどうか。その際には、ふり返りを行うことで、子どもたちの変容や向上がエビデンスとして明確になっているかどうかが焦点となる。闇雲にルーティーンだから行っているのなら止めた方が良い。

2. 選択質問を無くし、文言だけにする。

　ふり返りシートには、例えば授業に関して次のような質問が書かれている。

①今日の授業は楽しかったですか。

　　楽しかった　　　　まあまあ楽しかった　　　　あまり楽しくなかった

②今日の授業はよくわかりましたか。

　　よくわかった　　　　まあまあわかった　　　　あまりわからなかった

③友達とよく話すことができましたか。

　　よくできた　　　　まあまあできた　　　　あまりできなかった

　この三択を子どもたちは素直に選ぶだろうか。子どもたちは授業も終わりかけなので、休み時間や校庭で遊ぶことに気が向いてしまい、真剣に向き合わない。そこで、楽しかった、よくわかった、よくできたに〇をする。また、〇の代わりに、選択肢をニコちゃんマークにし、鉛筆でマークに色を塗らせている学校もある。これらは、英語導入期ならいざ知らず、まさに無理・無駄の極みである。

　そこで代わりとして、ふり返りを文言表記にすることである。ただし、ここでも、質問が「授業の内容が理解できましたか」などとすると、「できた」「できました」の回答が横行する。それを避けるために、質問は授業について思い出さないと書くことのできない内容にする。例えば、

①授業の中で、難しいと感じたことは何でしたか。

②やり取りの中で、難しいと思った表現は何でしたか。

③次回は、どのような点に気を付けて発表しようと思いましたか。

などとすると、いい加減な回答はできず、少なくとも、自分自身についてふり返らざるをえなくなる。

　つまり、ふり返りの質問はYes-No問題ではなく、WHの質問を2、3問出すことである。これにより、子どもたちが苦手とする、考えることや書くことにも触れることができる。もちろん、回収後にこれらを読むことに時間を要するが、実態は掴みやすくなる。

3. 紙を使わないふり返りを工夫する。

　ふり返りシートなどの紙類を、ふり返りに使わない方法も考えられる。時はSDGsの視点が求められる時代であり、授業時間を確保するためにも、シート類は配布せず、挙手をさせる方法を取る。

> 教師：今日の授業は分かりましたか。よく分かった、まあまあ分かった、あまり分からなかった、のどれかに手を挙げてください。よく分かった人、手を挙げて。次に、まあまあ分かった人は。最後にあまり分からなかった人。まあまあ分かったに手を挙げた田中さん、どこが少し分かりづらかったのですか。
> 児童：果物の発音がよく分かりませんでした。
> 教師：なるほど。発音ですね。発音が分からなかった、難しかったと感じた人、手を挙げてください。お〜、結構いますね。次回は、そこをもう一度復習しましょう。宿題は、QRコードを使って、お家でも果物の言い方を練習してきましょう。

などと、一人の回答から同じ考えの子どもを引き出し、即座に対応策を提示する。これなら短時間で済むし、シート類を後で読む必要もない。
　また、授業の終わりに、授業内容を再確認しても良い。

> 教師：今日の授業で扱った表現を、北野さん、繰り返してください。
> 児童："What fruit do you like?"でした。
> 教師：この表現を自信を持って言えない人いますか。木山さんと亀井さんですね。では、みんなで"What fruit do you like?"と言ってください。その後に、木山さんと亀井さんが繰り返します。
> 児童：What fruit do you like?　　What fruit do you like?
> 教師：二人とも、上手に言えましたね。もう大丈夫です。

などと、苦手な子どもを見つけ出し、その子どもたちに自信を持たせる時間として有効活用する。

先生：教科書の26ページを開いて。
児童：先生、そのページ、前にもやりました。
先生：え、ほんと。じゃあ、何しようか。
児童：じゃあ、遊ぼう。

 なんとかなるさ

NGポイント

　教師は毎日多忙であることは周知の事実である。しかも、学力向上などと言われると、どうしても国語や算数に力を注いでしまう。当然である。しかし、その余波で、「英語は子どもも分からないし、なんとかなるさ」と高を括っている場合がある。その結果、事前の準備なく、授業直前に廊下で教科書やテキストを見て、授業の段取りをする教師がいる。これでは、子どもの英語運用能力など向上させられるはずもない。戦略も戦術もなく、行き当たりばったりの授業。これは、中学校でも目にするが、その結果、学力を向上させることができていない。

やるべき授業への秘策

1. 無理・無駄なく短時間で授業準備（手を抜く）をする。
2. 授業構成の組み立てを重視する。
3. 多くを子どもに任せる（主体的・対話的で深い学び）。

1. 無理・無駄なく短時間で授業準備（手を抜く）をする。

　他の教科の準備で忙しく、英語の授業準備まで手が回らないという教師は多い。授業が終わって、子どもたちを帰宅させた後に、さまざまなノートや提出物をチェックし、それから明日の授業準備に取り掛かる。授業時間数が多い国語や算数、実験やプリント類が必要になる理科や社会など、英語にまで行き着かない。このような場合にはどうするか。

（1）授業に関する教材・教具を探す。

　学校によっては、過去に取り揃えた教材や教具をストックしているところがある。それをそのまま利用する。または、先輩や英語主担当の教師にワークシートやプリント類を借りて使用する。そして、教材サンプルをネット上から探し出して使用する（例：サクラクレパスの教材※など）。

（2）デジタル教科書を活用する。

　授業のスパイスとして、デジタル教科書の画像や音声を利用する。これらを活用するためには、事前に見たり聞いたりする必要があるが、時間も限られており、早送りしてイメージと使用時間だけを確認する。

（3）白い紙や4線の紙を用意する。

　A4判の白い紙は魔法の紙である。授業中、子どもたちにイラストを描かせたり、4線を入れて英語を書かせたり、意見を書かせたりするなど無数に使用できる。事前にプリントを作らず、授業の流れに合わせて臨機応変に使わせることができる価値のある紙でもある。

※（株）サクラクレパスHP→教職員の皆さま→外国語活動関連教材ダウンロード
https://www.craypas.co.jp/teacher/dl-language/

2．授業構成の組み立てを重視する。

　行き当たりばったりの授業だとしても、大切なことは、教材・教具の準備よりも、45分をどのような流れで構成するかをイメージしておくことである。細かな指導案など作成する必要はない。頭の中で、前回の授業を思い出し、それに続いてどのように授業を構成するかをただ思い描くことである。例えば、

(1) 詳細にイメージを掴む場合

　　①挨拶をする (3分)。

　　②継続している歌を歌う (3分)。プリント活用 (配布済)

　　③前回学習のやり取りをする (3分)。ハンドアウト使用 (配布済)

　　④モデルの子どものやり取りを見る (2分)。

　　⑤語彙、表現のコーラス・リーディング (3分)。

　　⑥スモールトーク (3分)。英語主担当の原稿を使用

　　⑦新出単語・表現の音読練習 (4分)。デジタル教科書を使用

　　⑧ピクチャーカードで音読練習 (4分)。学校のカードを使用

　　⑨モデル会話をデジタル教科書で視聴 (2分)。

　　⑩モデルを参考にペアで練習 (3分)。

　　⑪グループで自由な会話を行う (4分)。

　　⑫クラス全体でやり取りをする (6分)。

　　⑬ふり返りを行う (4分)。

　　⑭挨拶をする (1分)。

(2) 大きな流れでイメージを掴む場合

　　①挨拶と前回の復習。

　　②スモールトークと新出単語と表現練習。

　　③モデル提示とペア、グループ、全体練習。

　　④ふり返りと挨拶。

　以上を頭に描きながら、授業をイメージするだけでも、行き当たりばったりの授業から脱却できる。

3. 多くを子どもに任せる（主体的・対話的で深い学び）。

　英語の授業は常々、教師が主役になるべきではないと言ってきた。教師からの一方的な授業では、英語運用能力など伸ばせるはずもない。しかも、行き当たりばったりの授業で、教師に戦略も戦術もない状態で授業を受ける子どもの身になって考えるべきである。まさに時間の無駄、子どもが可哀想なものである。

　そこで、子どもの自助努力に期待する授業を考えるべきである。教師は特別の努力をせずに、子どもたちに仕向ける導線を引くだけで子ども自らが成長し出す。これこそが、まさに主体的・対話的で深い学びの授業である。ただし、「外国語活動」や「外国語」の授業では、語彙や表現、それらの使い方などの基礎・基本的な事柄は、最低限教師側（教師、ALT、デジタル教材、AIロボット等）が指導しなければならない。それ以外は子どもに任せた方が効果的である。例えば、次のような活動を考える。

　①授業開始の挨拶や終わりの挨拶は日直の役割とする。

　②歌を歌わせる場合には、当番を決めておいて、その子どもにモデルをさせたり、大きな声で先導させたりする。

　③チャンツでも同様に、当番にモデルを示させたり、リズムを取らせたりしながら、盛り上げさせる。

　④言語活動においては、教師が決める言語活動のパターン（ペア、グループ、クラス全体）ではなく、子どもたち自身に、学習した語彙や表現を用いて、どのような活動ができるのか、どのような場面で使えるのかを考えさせて、それを実行させてみる。ここでのリーダーは活動を考えた子どもに仕切らせる。当然、上手くいかないことも考えられる。そこでもう一度、なぜそれが上手くいかなかったのか、どう工夫すればもっと良い活動になるのかなどを皆で考え、更に面白い活動に作り上げさせる。このようなクラス一丸となった活動づくりは、知的で楽しく盛り上がる。ただし、それを仕組む教師の技量が求められるのは当然である。

ALT : What did you do last Saturday?
児童：英語が速すぎて分かりません。
担任：Really?　OK.　What / did / you / do / last / Saturday?
児童：分かりました。先週の土曜日に何をしたかですね。

 STOP やさしすぎる指導

NGポイント

　教師の多くは、英語自体が難しいと、子どもを不憫に思い、できる限りやさしく指導しようとする傾向がある。例えば、ノーマルスピードの英語では聞き取れないと思い、極端にゆっくりとしたスピードで英語を読む教師がいる。また、子どもの書いた間違った英語でも全て許容範囲として、全く訂正しない場合もある。このように英語の４技能（聞くこと、読むこと、話すこと、書くこと）において、子どもに甘い指導をしている場合がある。一見、子どものためにも見えるが、これではいつになっても４技能の向上は図れない。

やるべき授業への秘策

1. ノーマルスピードに近い英語を聞かせる。
2. モデルの読み方や話し方を真似させる。
3. アルファベットの文字は定着させる。

1. ノーマルスピードに近い英語を聞かせる。

　一般に英語を話すスピードは、1分間に150語程度と言われている。大学入試や検定試験のリスニング問題もこの程度で作成されている。もちろんこれは、大人の世界の話である。

　では、子どもの世界ではどうか。例えば、大人であれば、"What did you do last Saturday?"は1秒程度で読み終える。しかし、子どもに聞き取らせるために、2秒程度で読んだり、更には、"What / did / you / do / last / Saturday?"のように、単語を1つずつ発音する教師もいる。これはやさしい指導の一環とは言い難い。確かに、子どもにはゆっくりはっきりと話した方が聞き取らせやすい。更に、単語を1つずつ発音した方が意味も理解させやすい。しかし、この慣れが子どもの聞く能力の向上を妨げる。つまり、ゆっくり話されたり読まれたりする英語は分かるが、それが速くなると一転、理解できなくなる。このことは小学生ばかりではなく、中高生でも同じことが言える。普段からノーマルスピードに慣れていないと、聞き取ることも、話していることも理解できないままなのである。そして、学習指導要領にもある「語と語の連結による音の変化」(リエゾン、リンキング)も、極端にゆっくりと読むと不自然で意味がない。

　そこで、指導においては、極端にゆっくりとしたスピードの英語は話さず、ノーマルスピードとまでは望まないが、できる限りノーマルに近い英語を聞かせて、徐々に慣れさせていくことである。「子どものために」が、実は英語の芽を摘んでいることにもなりかねないのである。

2. モデルの読み方や話し方を真似させる。

　同じことが、読むことや話すことにおいても言える。子どもは、学習当初から英語をスムーズに読んだり、話したりすることは困難である。そこで、どこまでを許容範囲とするかである。例えば、"What did you do last Saturday?"を子どもが「ファット、ディドゥ、ユー、ドゥ、ラスト、サタディ」と読んだり話したりした場合を考えてみる。実はこれは、文字を見せて指導し始めるとこのような子どもが出現する。特に、カタカナのルビをふると一発である。しかし、英語導入当初は、文字を見せずに、教師やALT、音声教材を聞かせて指導するので、このような極端な発音をする子どもはいない。つまり、聞く際の話す見本がそのような発音をしないからである。英語を指導する場合、子どもの受容は砂場のようなものである。教える全てが水のように砂場に溶け込んで吸収される。そして、聞いたとおりのことを繰り返す。ここを大切にしたい。したがって、話す場合には、モデルの音を真似させるが、間違っていた場合には、何度も繰り返しモデルを聞かせて、真似る習慣を身に付けさせる。特に低学年及び中学年の年齢では、このことが必要だが、常に子どもにやる気の出るやさしい言葉掛けをすることが必要である。

　また、読む場合には、上記のような英文を見ると、どうしても母音が残る発音をしがちである。この場合も、注意を怠ると自己流で読み始める。ここでは、ある程度矯正することが求められる。音声の基本は小学校で慣れさせておくことである。そのためにも、教科書やテキストのQRコードを利用させることが便利である。

　では、話す際の文法上の間違いはどうするか。例えば、"I like apple."（複数形applesが正しい）、"I went to sea."（the seaが正しい）、"I can ride an unicycle."（a unicycleが正しい）などと言ったとする。全て文法上は間違いである。これを適宜直すには時間もいる。そこで、文法上の間違いは中学校に先送りし、小学校では正しい英文を子どもの脇で聞こえるように伝え、少しでも意識を向けさせる程度で十分である。

3．アルファベットの文字は定着させる。

　書くことは、高学年から指導を始める技能である。書くことは子どもにとって、特に抵抗を感じるものなので、教師は間違っていてもあまり訂正しない場合が多い。そこで、それが正しいかどうか具体的に見る。

　アルファベットの文字に関しては、中学年から書く指導が始まる。しかし、この中学年2年間だけの指導では完璧に書けるようにはならない。特に小文字は困難を極める。そこで、高学年でも引き続いて書く練習が必要になる。学習指導要領上では、アルファベットの文字に関しては、小学校で指導を完成させることが求められている。中学校では指導の時間など用意されていない。したがって、アルファベットの文字の認識や書くことができるようにしておかなければならない。単語や表現のように間違っていても許容範囲とはならないのである。

　一方、単語の書き写しや綴りに関しては、状況や場合にもよる。書き写しの際の文字の形や位置、高さなどの基礎・基本的なことは、小学校でマスターさせておかなければならない。特に小文字のb, d, f, g, h, j, l, p, q, t, yなどは何度も間違える文字であり、繰り返し確認させることが必要である。その際、文字を正しく書かなければいけないと思わせるのではなく、相手に正しく書かないと伝わらないという考え方、相手意識を持たせながら書かせることで、書く意味が広がってくる。

　また、単語を正しく綴ることに関しては、小学校だけで完結するものではない。これから長く続く英語教育の中で、何度も繰り返し読み書きする中で習得していくものである。少々間違って綴ったとしても、訂正させることでもないと考えるべきであろう。

　このように、小学校で完結すべき点については甘い指導に終始することではなく、適宜訂正させることが必要になる。ただしこれも、頭ごなしに叱ったり、厳しい指導をしたりしては、英語嫌いに直結させてしまう。子どもの性質やクラスの状況等に合わせて、適宜指導していくことが大切である。

先生：「これは何ですか」と尋ねる "What is this?" の練習をします。
ALT：OK.（犬の絵を見せながら）Kitano-sensei, what is this ?
先生：It' a dog.
児童：見れば分かるよね。

必然性のない活動

NGポイント

　子どもは、幼なすぎる内容や、英語を教えるための不自然な活動には興味や関心を示さない。イラストのように誰でも見て分かることなど、英語指導のための英語が横行している。また、"Do you have a pen?" と質問させ、相手に "Yes, I do." と答えさせる。「ペンを持っていますか」「はい、持っています」と、持っているのが分かっていても不自然な会話を強要する。実は、表現の中に「ペンを貸してもらえますか」の意味が込められていることを伝えずに練習させている場合がある。

やるべき授業への秘策

1. 場面に合った表現を体験させる。
2. 実際に相手とやり取りをさせる。
3. リアルな状況設定を仕組む。

1. 場面に合った表現を体験させる。

　必然性とは、英語を使用する場面において、適切な状況下での適切な表現を使用することを意味している。例え表現の練習だからといって、ありもしない場面での英語使用は、違和感があるだけで、子どもにとってはあまり意味ある練習とはならない。まさにミスマッチな使い方であり、それを活動にまで広げると時間の無駄とも言える。また、表現定着のための口頭練習を何度も繰り返す訓練鍛錬方式は、考えることで知識を知恵に転化する人間にとっては辛いことである。英語指導は動物の調教ではない。例えば、SVCの練習だからといって、"You are cool." などと相手に言われても、自分自身をcoolなどと思っていない子、自尊感情に乏しい子にとっては、非常に不愉快な表現である。つまり、英語の使用場面を考えて適切な練習や活動を行うことが必要なのである。

　中学校での話である。生徒に "Here you are." は、相手にモノを渡す時に、「はい、どうぞ」の意味で使うと教えても、実際に活動させると、モノを渡し終わった後に "Here you are." と言う生徒がいる。つまり、この指導では知識だけを教え、使う場面を経験させていない、まさに必然性のない指導なのである。一方、次の場面を設定して体験させてみる。

> 生徒A：Do you have a pen?
> 生徒B：(ペンを持って) Yes, I do. Here you are.
> 生徒A：Thank you.
> 生徒B：You're welcome.

と、実際の体験とともに表現を使わせると、定着が容易に図られる。

2．実際に相手とやり取りをさせる。

　では、「聞くこと」及び「読むこと」において、どのような必然性のある活動を組むことが必要であろうか。

【聞くこと】

(1) 色に関する語彙定着を図る活動

●タッチゲーム

　これはどこの学校でも行われているが、色を言って、その色にタッチさせる単純な活動である。しかし単純と言っても、Blueと聞いて、色を判断して、青いものを見つけ、それに触れる。インプットとアウトプットとを短時間で行っている。

●ケーキカード

　さまざまな色のケーキのカードを一方の子どもに持たせる。

児童A：What would you like? / What do you want?

児童B：White cake, please. / I want white cake.

児童A：OK. Here you are.

児童B：Thank you.

　これも、さまざまな色のケーキカードを受け渡しすることで、単語と色とを容易に結び付けることができる。

【読むこと】

　小学校では英語を読む機会は少ないが、音読と内容面とに分けて必然性を考えてみる。

(2) 自宅での宿題 (音読練習)

　QRコードを利用した音読練習を自分で行った後に、家族等に読んで聞かせることで必然性 (練習する意味) が生まれる。

(3) 読み合わせ

　ペアになって、自分が書いた英文を交換し、それぞれ読み合い、間違いや意味の分からないところを指摘し合うことで必然性 (それぞれの英文のブラッシュアップを図る意味) が生まれる。

3．リアルな状況設定を仕組む。

　特に「話すこと」においては、不自然な状況下での英語使用を強要することがよくある。例えば、"Where do you want to go?"の表現を使って、France, Australia, Americaのどこに行きたいかを"I want to go to～."の表現で答えなさいなどと言う。国際理解の一環としての意味は分かるが、子どもは、唐突すぎて何が何やらパニックになる。しかも３か国限定である。どこにも行ったことは無いし、イメージも無い。これは、無理・無駄な活動である。ではどうするか。

【話すこと】

(1) 身近な、子どものテリトリーや環境を取り入れた活動

●夏休み(週末に)にどこに行きたいか尋ね合う

　"What do you want to go?"の表現を学習させるのであれば、「夏休みにどこに行きたいか話し合ってみましょう」と身近な話題をふり、子どもが夢や希望を持って活動に臨めるようにする。

　　児童A：What do you want to go on summer vacation?

　　児童B：I want to go to the Adventure World in Wakayama.

　　児童A：Really? Why?

　　児童B：I want to see many pandas.

など、自分の考えや気持ちを素直に英語で表せる状況を設定する。これにより、話す必然性が生まれてくる。

【書くこと】

　授業では、自己紹介カードを書いて渡したり、グリーティングカードを書いたりすることがあるが、全て「ごっこ遊び」である。そこで、

(2) 実際に手紙を書かせる活動

●サンタクロースに手紙を送る

　実際に手紙やイラストなどを書かせて、それをフィンランドのサンタクロース村に送る。これで英語を書く意義が生まれ、「ごっこ遊び」ではない必然性が生まれる。

●英語の歴史を知る

　歴史をふり返ると、日本人は英語に限らず外国語に触れる機会は他国に比べても多くはなかった。それは、日本が島国であったことに起因する。外国の文化に触れることも同様である。教科書で学習したように、有史以来、中国や韓国との交流はあったにせよ、西欧との交流は、出島でのオランダとの交流まで待つことになる。一般人にとっては、外国人を見ることなど皆無であった。

　そのような状況下にあって、英語の存在がクローズアップされたのが1853年の黒船の来航である。今から170年ほど前のことだ。そして、一般の子どもたちが初めて英語を耳にする機会を得たのは、翌1854年の黒船が函館に入港した時のことである。松前藩は女性や子どもを郊外に避難させるが、ペリー一行は自由に街を闊歩し、住民と交流し、子どもとも遊んだという。まさに、これが日本の子どもが初めて英語を耳にした時である。

　そして、時が過ぎること154年後の平成20（2008）年、ついに英語が学習指導要領に取り入れられ、日本の小学生全てが英語を学ぶこととなった。これを指して、「小学校に黒船がやって来た」と揶揄した人もいた。それ程、日本人にとっては大きな出来事だったのである。しかし、黒船来航以来100有余年、日本の英語教育は、座学の色彩を帯び、中学校や高校、大学の英語教育と言えば、音読、訳読、文法の学習が主なところとなった。それが、時代とともに社会情勢と乖離し、英語を聞けない、話せない日本人などと言われた。その反省に立ち、コミュニケーションの重要性が叫ばれ、聞く、話すに学習の中心がシフトした。しかし、国内には未だに従前たる学習に固執する人も多く、混とんとした状況にあり、小学校もその渦に巻き込まれている。

●小学校で英語を好きな子どもに育てるために

　要は簡単である。英語を指導する教師が「英語を好きになる」ことである。「英語を好きになる」とは、どのようなことか。

　①英語そのものを、言語として好き（他の言語と比較しても）

②英語を学ぶことが好き

③英語を使うことが好き (聞いたり話したりするなど)

④英語を教えることが好き

以上が考えられる。これらの中で、小学校の教師に求められることは、必要な順に④→③→②である。

　ある時、英語が苦手で、授業は常にALT任せにしていた50代の教師が、ALTの雇止めを機に一人で授業を始めた。これまでのALTの授業を思い出してやってみると、意外と面白い。心の中では、英語を教えるのではなく、子どもたちが英語を使う場面や状況をつくりだすコーディネーターに徹しようと思ったとのこと。それ以降、他の教科の指導でも同じスタンスで授業をすると、学力が面白いように向上した。

　その教師に質問した。「英語が好きですか」と尋ねると、「教えることは好きになりました。それ以上に、子どもたちが楽しそうに英語を話しているのを見るのが好きになりました」と答えた。ここに、小学校での英語指導の真理がある。教える以上に、子どもたちの活動を広い心で捉える姿勢。子どもは教師に教えられる以上に、子ども同士のやり取りからさまざまなことを学び、能力をブラッシュアップさせていく。教師は、その場を設定する。そして、さまざまな活動を通して、達成感や成就感を体験させる。英語が通じた喜び、英語が分かった喜び、好きな異性と英語で話した喜び、英語のゲームに勝った喜び、英語のパフォーマンステストが上手にできた喜び、授業参観で発音をお母さんに褒められた喜び、子どもにとってどの喜びでも構わない。できた！やった！と自信につながる達成感や成就感を何度も積み重ねることが、英語を好きな子どもに育てる近道であり、王道である。

Column 01　外国人との出会い

多くの小学校の先生方が、「英語が苦手だから小学校の先生になったのに」とか、「私のひどい発音が子どもにうつったらどうしようかと思う」などと言う。また、「英語ができないので、ALTの先生と打ち合わせができない」とも言う。私は今でこそ、大学で英語を教える身ではあるが、生まれも育ちも外国人や英語に全く触れることのない環境下に育った。

岩手県北上市更木。私の生まれ故郷である。西に北上川が流れ、東に北上山地が目の前に迫る。今でこそ高架の東北新幹線が走るが、多くは農耕地である。有史以来進化を遂げていないのではないかと思うほど、発展を拒み続ける地域。そんなところに生まれ育った。近くに幼稚園や保育園もなく、小学校に入学するまでは、朝から晩まで山や川、野原や田んぼを泥だらけになりながら駆けずり回る日々。そんな所であっても、唯一、幼稚園に長時間ボンネットバスに揺られて通う近所の子どもがいた。我々は泥だらけになりながら、その子の帰りを待った。

「おい、そろそろバスくるべ」

「んだな、かぐれるべ」

「あ、バス来たじゃ」

その子がバスから降りる。停留所脇にある高い塀に隠れて、息をころして佇んでいる。そして、大きな声で「わあ！」と叫んで、脱兎のごとく逃げる。子どもはびっくりして、何が起こったのか分からず、狐につままれたような顔をしている。こんな毎日を過ごしていた。今思えば、羨ましかったのだろう。可愛らしい園服に帽子、黄色いバック。みんな輝いていた。こちらは、泥だらけのズボンに、鼻水を拭いたガビガビの服。汗か水か分からないグチュグチュと音の出る黒いゴム靴。

こんなところに育つと、外国人など目にすることも、英語を耳にすることもまずない。

ところが、毎年一度だけ、悪ガキも大人しくなるほどの天変地異が起こる。それは、毎年クリスマスが近付くと、農協の建物の2階で、キリスト教の布教の一環であろうか、外国人宣教師の家族が「キリスト様」

の話をする時である。朝から、有線放送で「本日、５時より農協の２階で、〇〇〇教会の〇〇〇宣教師さんのお話があります。お集まりください」と流れる。この時ばかりはなぜか東京弁である。そして、村中の老若男女が大挙して集まる。近所の子ども、大人、お爺さんにお婆さん、もうギュウギュウ詰めである。その中でも、我々悪ガキどもは一番前に鎮座ましまして、キリスト様の偉いお話を聞く。何のことやらさっぱり分からないが、とにかく偉いらしい。手は合わせるものの、宣教師さんの隣にいる金髪でお人形さんのような可愛い女の子が気になって仕方がない。悪ガキどもは、声を潜めて「かわいな」「んだな」などとチラ見する。ド田舎の子である。ガン見したら、村中の笑いものになることは分かっていた。

　そして、悪ガキを含め多くの者たちは、偉い話の後に、お菓子やら、ノートやら、綺麗なキリスト様のカードやらをもらえることを知っていた。話を聞きながら、手を合わせたり、頷いていたりするが、みんな目当てはお菓子である。悪ガキにもそれがよく分かっていた。偉い話が終わると一斉に笑顔になる。もちろん、これは子どもばかりではない、青年も大人も、年寄りもである。

　ついに、その時が来た。宣教師やその奥さん、そして、お人形さんのような子が、手に手にお菓子や景品を配り始める。みんな狂喜乱舞。ここはどこだ？ 出島、浦賀、函館、いえいえ、岩手の片田舎の話です。

　これが、外国人との衝撃的な出会いである。数日後、近所を回ると、家々の柱や、なぜか神棚にイエス・キリストのカードがかけられたり、置かれたりしている。神仏混淆？ の日本である。これも嘘のような本当の話である。

やっては いけない

評価・テスト 編

「誰のため」「何のため」を
大切に

先生：教頭先生、英語の教育計画、まだできていません。
教頭：教科書の指導書を見て、そのまま書き写せばいいよ。
先生：Can-doリストも作らないと。
教頭：教育計画の目標と同じにすればいいよ。

 指導書どおりの年間指導計画

NGポイント

　年度初めに、学校は教育計画を市町村教育委員会に提出しなければならない。当然、「外国語活動」と「外国語」の年間指導計画も作成しなければならない。学年当初であり、多忙な教師には煩雑な作業である。しかも昨今では、小学校でもCan-doリストの提出を求められるところもある。そこで、ついつい教科書の指導書にある年間指導計画やネットにあるものを書き写す。そして、提出したら終了。もう二度と、年間指導計画もCan-doリストも見ることはない。何のための計画書なのか、これでは作る意味がない。

やるべき評価・テストへの秘策

1. 年間指導計画はバックワードデザインで作成する。
2. Can-doリストの作成には指導と評価の一体化を意識する。
3. 年間指導計画とCan-doリストを常に授業に活用する。

1．年間指導計画はバックワードデザインで作成する。

　教科書の指導書にある年間指導計画は、教科書会社が全ての単元を満遍なく指導するように、機械的に作成しているものである。当然、子どもの状況や学校の行事などは考慮していない。したがって、全ての学校がこの指導計画に沿って授業できるはずもない。もちろん、手を抜いて、教育委員会に提出さえすれば良いと考えるのであれば、写すことも考えられるが、この教育計画は学校の教育活動の根源であり、説明責任が発生するものである。やはり責任を持って作成するのが筋である。では、どのように作成するのが適切か。

　年間指導計画の作成に当たっては、学年の最終月の最後の授業からバックワードで、月を遡りながら4月まで作成する。1年間でどのような子どもを育てるのか、到達目標を明確にし、そのためには、どのような指導が必要になるかを遡って順に想定しながらデザインしていくのである。

　そして、バックワードデザインで出来上がった計画を、今度は実際に4月から指導をしていくことになるが、計画のように指導は進まない。そのような時には、すぐに進度や到達目標を変更する。年間指導計画はあくまでも計画である。子どもの状況や行事の変更、天変地異などで変更を余儀なくされることはよくある。要は、指導計画に縛られて、子どもを見失わないことである。あくまでも、年間指導計画は子どもの英語運用能力を向上させるための指導の羅針盤であり、軌道修正することも必要なのである。

2. Can-doリストの作成には指導と評価の一体化を意識する。

　一方、Can-doリストは、半年後または１年後に子どもたちがどのようなことができるようになっているかを領域別（「聞くこと」「読むこと」「話すこと（やり取り）」「話すこと（発表）」「書くこと」）に具体的に示したものであり、到達目標でもある。

　これは、先ほどの年間指導計画以上に、説明責任が発生する。つまり、「教師の指導によって、この程度までできるようになりますよ」と保証しているものである。それなのに、クラスのほとんどがその目標に到達できていないとなれば、子どもだけに責任を帰することはできない。当然、指導が悪いから到達できないのだろうと結論付けられる。それ程までのリストである。いい加減に作成するものではない。

　作成するためには、常に子どもたちを思い描きながら、１年間（半年）の育ちを、年間指導計画から導き出していかなければならない。当然、到達すべき目標に達するためには、それなりの指導が必要になる。例えば、以下のCan-doリストを作成したとする。

聞くこと	読むこと	話すこと（やり取り）	話すこと（発表）	書くこと
食事の紹介を聞いて理解することができる。	英語のメニューを読むことができる。	レストランでのやり取りができる。	推薦する食べ物の紹介ができる。	食べ物の推薦文を書くことができる。

　「聞くこと」には、「食事の紹介を聞いて理解することができる。」とある。このレベルまで子どもを向上させるためには、当然、指導の中に、教師やALT、音声教材などを通して、何度も食事の紹介を聞かせる場面を設定しなければならない。また、「読むこと」には、「英語のメニューを読むことができる。」とあり、子どもたちがメニューを読む状況を設定し、慣れ親しませる必要がある。このように、Can-doリストは、子どもたちができるようになるまでのプロセスを年間指導計画から構築して考える必要があり、作成には緻密さが必要になる。そしてそのためには、指導と評価の一体化を常に意識する必要がある。

3. 年間指導計画とCan-doリストを常に授業に活用する。

　年間指導計画もCan-doリストも、作成しただけでは宝の持ち腐れである。せっかく作成したものを使わない手はない。常に机や壁に貼ったり、手の届くところに置いたりする。指導と評価の一体化のように、授業が年間指導計画と進度が合えば、Can-doリストにある到達目標にまで行き着くはずである。これを常に意識しながら指導に当たることである。

(1) 年間指導計画の効果的な活用方法

　年間指導計画には、市町村や学校にもよるが、おおむね月ごとに、単元別の目標、指導内容、表現、言語活動などが記されている。これを授業準備の際や、授業終了時での進度確認に使い、高所から大局を見通すのである。一時間一時間は些細なことでも、その積み重ねが言語能力、英語運用能力の向上につながる。すると、どの部分が欠けているか、どの部分が必要ないかなども見えてくる。そして、具体的に進度の変更や内容の割愛、活動の反復を行うことができる。これが、教師の無駄な作業や準備を軽減することにもつながる。

(2) Can-doリストの効果的な活用方法

　Can-doリストのそれぞれの領域にある文言の文末は、「～できる」である。つまり、子どもができるかできないかの二つに一つである。子どもたちができるようになっているかどうかを判断するには、常にこのCan-doを意識しながら、授業に当たることである。この証左には、授業の観察でも良いし、パフォーマンス活動やパフォーマンステストでも良い。時には、リスニングテストやインタビューテスト、子どものノートやプリント類でも良い。問題は、「できていない」子どもたちをどのように指導し、「できる」子どもにするかである。まさに、これは評価ともリンクし、C評価の子どもをどのようにB評価にまで引き上げるかと呼応する。したがって、年間指導計画とCan-doリスト、そして評価は密接な関係にあり、評価規準の作成や評価はさほど難しいことではない。

担任：ひろみさん、評価してるから動かないでね。
児童：は〜い。
担任：春輝さん、評価するからいっぱい話してね。
児童：は〜い。

外国語活動は行動観察で評価

NGポイント

　「外国語活動」の評価は文言表記となっている。そのために、評価する際の評価方法は、多くの場合、行動観察が中心となる。さまざまな言語活動を見取りながら、子どもがどのような動きをしていたか、どのような反応をしていたかなど、対象となる子どもを観察しながら評価する。しかし、これだけで、全ての子どもを平等に観察することができるのだろうか。もちろん、毎時間観察などできない。子どもも授業ごとや活動ごとで、状態や状況が異なる。つまり、「外国語活動」と言えども、複合的に評価方法を工夫する必要がある。

やるべき評価・テストへの秘策

1. リスニングテスト（クイズ）を取り入れる。
2. インタビューテスト（クイズ）を取り入れる。
3. アルファベットの文字や発表を取り入れる。

1. リスニングテスト（クイズ）を取り入れる。

　「外国語活動」にはテストは不向きであるという人がいる。はたしてそうか。外国語活動で取り扱う領域は「聞くこと」「話すこと（やり取り）」「話すこと（発表）」の３つである。この中で、評価方法としての行動観察が可能なのは「話すこと（やり取り）」だけである。「聞くこと」に関しては行動観察は難しく、的確な判断はできない。そこで、簡単なリスニングテスト（クイズ）を行う。学校や子どもの状況から、あえてテストとは言わずにクイズとしても良い。子どもたちに要らぬプレッシャーをかけないためでもある。では、どのようなテストが可能か、例を示す。特に、音声と絵とを結び付けさせるもので、抵抗感もほぼない。

【質問】英語を聞いて、内容に合う絵を選びなさい。

Q 1 : 読む英文 : I have three apples.

Q 2 : 読む英文 : What time do you get up? － I get up at 7:15.

2. インタビューテスト（クイズ）を取り入れる。

　インタビューテストも子どもの「聞くこと」と「話すこと」を適切に判断できるものである。これは領域では、「話すこと（やり取り）」の部分である。教師やALT（AIロボットも可能）が子どもに質問をして、それに適切に答えることができるかどうかで判断する。ただし、毎時間の授業の中で数人の子どもにインタビューテストをし、それを授業ごとに継続しながら全員の子どもに行うことは、早く行う子どもと、後で行う子どもとでは、不公平感が出てくる。そこで、授業中にテスト（クイズ）時間を確保し（授業開始時から20分間程度など）、担任やALTが一人一人を呼んでインタビューし、質問が理解できているか、その質問に適切に答えられているかで評価する。例えば、3つの質問を子どもに投げかける。ただし、これらの質問はそれぞれに関連性があることとする。これは、話の流れから子どもがイメージしやすく、答えやすくするためでもある。一問一問に関連性が無い場合は、質問のイメージが沸かず、答えられなくなる子どもがいる。例えば、色に関する質問をする場合には、

（質問1）I like red. What color do you like?
（回答例）I like blue.
（質問2）Oh, blue. Do you have a blue T-shirt?
（回答例）Yes, I do. / No, I don't.
（質問3）I see. I like red. Do you like red?
（回答例）Yes, I do. / No, I don't.

このようなオーセンティックな会話形式の質問をする。3問が脈絡なく質問されると詰問されている感覚となり、嫌がる子どもも出てくる。では、これをパフォーマンステストとして、その評価規準を下に示す。

A　十分満足できる	B　おおむね満足できる	C　努力を要する
質問に対して、I like〜.やYes, I do.などの適切な表現を用いて答えている。	質問に対して、色のみを答えたり、YesやNoのみで答えたりしているが、おおむね答えている。	質問が分からずに答えられなかったり、質問内容が分かっていても、全く違った答えをしたりする。

3. アルファベットの文字や発表を取り入れる。

(1) アルファベットの文字

　中学年では、3年生でアルファベットの大文字を、4年生ではアルファベットの小文字を学習することになっている。これらの文字は、高学年も含めて小学校で定着を図ることになっている。そこで、「外国語活動」においても、大文字の定着度を計ることは重要である。もちろんこれを、評価の材料とすることもできるが、どの程度できるようになっているかを確認し、次の指導に生かすことである。もちろん、テストやクイズとして実施することもできる。

　もし、アルファベットの文字を評価の文言に加えるとしたら、「アルファベットの大文字を認識し、書けるようになっています。」や「アルファベットの小文字を間違いなく正確に理解しています。」などと評価することもできる。そのためには①アルファベットの音声を聞いて、音声と文字とを結び付ける。②アルファベットの文字を読む。③アルファベットの文字を書く、などを確認するテスト（クイズ）を実施することである。

(2) 発表を取り入れる

　中学年でもさまざまな発表が行われている。これらをパフォーマンステストとして、評価に含めることも可能である。実際には、自己紹介、自分の好きなものの紹介、クイズ大会、1日の生活紹介、お気に入りの場所の紹介、オリジナルピザの紹介などがあるが、子どもたちの達成感を満たすためにも、発表の後の教師やALTのコメントの他に、評価にも加えることである。文言とすれば、「発表の準備をしっかり行い、みんなの前で、はっきり分かりやすく発表していました。」「笑顔で、みんなの顔を見ながら、伝えていました。」など、その状況が分かるような文言を書き入れると、子どもや保護者も嬉しいものである。特に「外国語活動」では、子ども自身やその家族もホッとする内容や安心する事柄を書いて、子どもの向上心に火をつけたり、保護者を味方につけたりする意味でも、さまざまな観点から評価することが大切である。

児童：先生、綴りが間違っています。
先生：え。
児童：faborite になっています。b は v だと思います。
先生：そのとおり。わざと間違って、誰か気付くかなと思って。

「読む」「書く」は正確に

NGポイント

　高学年の「外国語」から、「読むこと」「書くこと」の領域が新たに加えられる。教師は、これらをどのように評価すべきか迷う。もっとも簡単に評価するには、音読や内容把握ができるか、文字や表現が正しいかなどで判断するのが一番楽である。学校によっては、正誤を評価規準にしているところや、単語テストを毎時間課しているところもある。しかし、小学校では正確さまでは求められてはいない。その一段階前である。自ら積極的に読んだり、書いたりする態度で判断する。正確さを求めるあまり、英語嫌いの子どもが多くなっては評価の意味がない。

やるべき評価・テストへの秘策

1. 「読むこと」では、音読と内容理解とを評価する。
2. 「書くこと」では、書き写し、文や文章を評価する。
3. 常に指導と評価の一体化を考える。

1. 「読むこと」では、音読と内容理解とを評価する。

「読むこと」には2つの技能が求められる。1つ目は音読の「読むこと」であり、2つ目には、書かれていることが理解できるかどうかの内容理解を意味する「読むこと」である。例えば、"I want a big park in our town."の文だけの評価規準を考えてみる。音読と内容理解をともに評価規準に入れ込むと以下のようになる。音読では、wantとa、inとourが音の連結を起こすことを指導したとする。また、内容理解では、それぞれの語句の意味や表現内容について確認したとする。

	知識・技能	思考・判断・表現	主体的に学習に取り組む態度
読むこと	〈知識〉 　音の連結を理解している。 〈技能〉 　音の連結を意識しながら、読む技能を身に付けている。	町の中にある場所を表す基本的な語句や表現について、意味が分かっている。	町の中にある場所を表す基本的な語句や表現の意味を分かろうとしたり、英語で読もうとしたりしている。

ここでも、例えば「町に大きな公園がほしい」と大筋で分かれば良いこととし、ourの「私たちの」や、Iの「私は」などの細かな点が無くても許容範囲とし、おおむね英文の内容を理解していたり、おおむね音読できていたりしたらBとし、全て正しくあるべきだとの考え方はするべきではない。もちろん、完璧な音読や完璧な内容把握ができている子どもはA相当であることに間違いはない。つまり、2年間程度の学習、しかも時間数が少ない中で、正確さを求めることは酷な話である。正確さに軸を置いた指導は中学校からで十分である。

2.「書くこと」では、書き写し、文や文章を評価する。

　「書くこと」においては、4つのことが考えられる。1つ目は、文字や単語、表現について見本を見て書き写すこと。2つ目に、単語を書き写しながら英文を構築し、意味のある文を書くこと。3つ目には、英文を複数書いて、流れがあり意味のある文章を書くこと。そして4つ目には、自分の気持ちや考えを英語で(書き写すことなく)書くことである。1つ目、2つ目、そして、3つ目は小学校高学年で行うことである。4つ目は中学校から始めることで、単語の綴りも意味も定着した状態でなければ書くことは中々できない。

　そこで、高学年では、どの程度まで正確さを求めるかである。先にも述べたように、書き写しは大人にとっては簡単なことだが、子どもにとっては、ただの記号の書き写しに思える。これは、我々が、あまり意味も理解せずに、黙々と写経に取り組む姿に似ている。大人でも、写経では長時間集中できずに、途中で間違い、また一からやり直す。子どもが集中できる時間は5分程度。文字は似通っており、高さもバラバラ。間違うのも当然である。そこで、先ほどと同じ英文、"I want a big park in our town."を書き写す際の評価規準を考えてみる。

	知識・技能	思考・判断・表現	主体的に学習に取り組む態度
書くこと	〈知識〉 　場所を表す語句や表現について理解している。 〈技能〉 　場所を表す語句や表現を書く技能を身に付けている。	町の中にある場所について書き写したり、書いたりしている。	町の中にある場所について書き写したり、書いたりしようとしている。

　ここでも、おおむね英文が書けていたらBとし、絶対に正しくあるべきとの考え方はするべきではない。ただし、指導したにもかかわらず"Iwantabigparkinourtown."などのように、単語と単語がつながっている場合にはCとせざるを得ない。

3．常に指導と評価の一体化を考える。

　「外国語」のように教科ともなると、評価について、かなり意識する教師がいる。どのように評価しようかと考え悩み、指導が二の次になる。しかも、指導を十分に行っていないのに、教科書の指導書にある問題をさせたり、市販のテスト教材を利用したりする。これは、悪い意味で詐欺のようなものである。子どもは授業でやってもいないこと、軽く扱われたことを評価の対象とされる。指導の軽重と評価の軽重は同じように扱わなければならない。また反対に、指導を十分に行っても、評価としては扱わない場合もある。しかし、子どもは、その場面で一生懸命に努力をしたかもしれない。頑張ったことは評価されたいものである。つまり指導と評価は常に表裏一体だと考えるべきである。

　もし、正しさを求めるなら、正しく読めるようにする指導、正しく書けるようにする指導が必要になる。それには時間と根気が必要である。それほどの指導ができるかである。

　ところで、指導と評価の一体化といっても、さまざまな事項がリンクしている。つまりこのような流れが考えられる。

1	2	3	4	5	6
目標作成	評価規準作成	指導案作成	指導実施（授業）	評価活動（方法）	評価

　ここで大事なことは、全てが緊密に連続していることである。目標に合わせて評価規準を作成し、評価規準を見ながら授業を構成し、その中に評価活動を取り入れ、そして、それを基に評価を下す。しかし、これで終わりではない。評価を下した際に、もう一度目標に立ち戻る。そして、目標が達成されているかどうかを判断する。達成されていないとすれば、問題はどの事項か。目標か、評価規準か、指導か、それとも評価方法か、それを明白にする必要がある。そして改善策を練る。指導と評価の一体化を図るには、このシステムが機能しない限り、いつまでも自分勝手な授業や、効果の上がらない授業が行われるのである。

先生：来週は、「将来の夢」について、2人ペアでスピーチします。

児童：誰の夢について、話すんですか。

先生：時間がないので、どちらかの一方の夢を2人で協力して発表します。

児童：え？　先生、相手の夢はお嫁さんですよ。僕も言うんですか。

STOP パフォーマンステストは面倒

NGポイント

　パフォーマンステストは難しい、面倒だと思っている教師がいる。その理由は、指導や準備、実施にかなりの時間がかかるからである。しかし、ゴールとしての達成度を計るには明確であり、しかも、子どもたちには練習した結果が達成感として残る。

　パフォーマンステストにはさまざまなものがある。スピーチ、ショウ・アンド・テル、プレゼンテーション、スキット発表、演劇、英作文（原稿）など、子どもたちがアウトプットしたものを捉えるので、授業の集大成として取り組みやすい。

やるべき評価・テストへの秘策

1. パフォーマンステストは、全員授業内に行う。
2. スピーチではRead and Look up、スキットでは直前にペアを決める。
3. 子ども用評価シートを活用する。

1. パフォーマンステストは、全員授業内に行う。

　パフォーマンステストをスムーズに行うにはコツがある。

(1) 授業内に終わること

　授業内に全ての子どものパフォーマンステストを終えることである。例えば、2回の授業に分けて行うと、後で行う方が有利（練習時間が増える）になり、不公平感が生まれる。そのためにも、45分間で全員スムーズに実施しなければならない。

(2) 発表の順番に策を弄する

　スピーチなどのパフォーマンステストを成功させるためには、発表する順番が重要である。例えば、クラスでよくできる子を1番目に据えると、他の子は「あの子だからできるんだ」と思い、頑張る意欲が萎える。また、クラスで英語が得意でない子を1番にすると、他の子は「あの程度でいいのか」と高を括り、低調な発表会になる。そこで、1番目にはクラスで3分の1程度上位の子どもを指名する。すると、「あの程度ならできるかも」と思い頑張り始める。また、所々にパフォーマンスに優れた子ども（元気でユニークな子など）を配置する。

(3) 順番待ちとビデオ撮影の重要性

　発表直前の子ども（3人程度）には、教室前方に座らせ、発表を待たせる。そして、順番が来たら即座に発表させる。これは、ダラダラした発表にならない工夫である。また、発表をビデオで録画し、評価の資料とする。これで授業後でも評価ができ、保護者への評価の証拠ともなる。

2. スピーチではRead and Look up、スキットでは直前にペアを決める。

　全体の前でスピーチなどの発表をさせる場合、成功させるためにはそれぞれ注意すべき点がある。

(1) スピーチ、プレゼンテーション等

　発表の際には、授業の開始後5〜7分程度の準備を経てから、発表させる。これは、1番目の子どもに要らぬプレッシャーを与えないためと、全ての子どもたちに1〜2回練習させて、自信を持たせるためである。また、発表が始まると、順番を待つ間は発表も聞かずにただひたすらに自分の練習をする子どもがいる。そして、発表が終わると、他の発表も聞かずに遊び出す子どももいる。このような状態を無くすためにも、他の子どもの発表を評価する評価シートが重要になる。

　また、スピーチをさせる際、原稿の用紙を見ながら発表させるかどうかである。暗記させて発表させる場合と、紙を時々見ながら発表させるRead and Look upの場合、そして、全面的に紙を見ても良いとする場合とが考えられる。これらは指導内容を考えながら決めることではあるが、ここはやはり、Read and Look upの方が、将来的にも役に立つものである。

(2) スキット発表

　スキット発表として、ペアでやり取りをさせる場合には、指導と実施方法に注意が必要である。事前にペアを決めて練習し、それをただ発表させるのでは学芸会的で単なる暗記活動に過ぎない。これでは、表現が活用できるようになっているかどうか分からない。そこで、例えば買い物の場面を発表させるとする。事前にペアを組むのではなく、パフォーマンステスト直前に、教師がAさんはお客さん、Bさんはお店の人と役割を決めて発表させる。相手とは事前に準備をしておらず、相手が何を言ってくるか分からない。やり取りの中で考えを巡らせながら、臨機応変に対応しなければならない。これならば、さまざまな語彙や表現が実際に活用できるようになっているのかが判断できる。

3．子ども用評価シートを活用する。

(1) 子ども用評価シート

　英語のパフォーマンステストは、体育における水泳のテスト、跳び箱やマット運動のテストのようなものである。また、音楽の歌やリコーダーのテストと一緒である。ただ、英語では全員行うには時間がかかり、子どもたちが集中しない場合も多い。そこで、子ども一人一人に評価シートを書かせて、集中して聞くようにさせる。例えば、次のようなシートを利用して、文で書かせる。

Name	スピーチ内容	よかった点と直した方がよい点
Tanaka		
Mine		
Uenishi		

　このシートを、例えば以下のとおり聞くことの評価に使用しても良い。
A：スピーチの内容を正しく聞き取り、コメントも的確に書いていた。
B：おおむね、スピーチの内容を聞き取り、コメントも書いていた。
C：スピーチの内容を聞き取ることができていない。

(2) 評価の観点

　中学年の「外国語活動」では、発表の際、主体的に学習に取り組む態度の観点を重点的に評価し、徐々に、技能面や思考・判断・表現面にポイントを変えていく。一方、「外国語」では、主に技能面や思考・判断・表現面を評価していき、主体的に学習に取り組む態度は参考程度としても良い。ここで「将来の夢」のスピーチの評価規準を見る。

	知識・技能	思考・判断・表現	主体的に学習に取り組む態度
話すこと［発表］	〈知識〉　職業を表す語句や表現を理解している。〈技能〉　なりたい職業と理由を発表する技能を身に付けている。	なりたい職業とその理由について、聞き手に伝わるように、基本的な語句や表現を用いて、発表している。	なりたい職業とその理由について、聞き手に伝わるように、発表しようとしている。

5年1組担任：先生、評価規準どうしますか。確認しますか。
5年2組担任：じゃあ、僕が社会、算数、理科、体育を見るよ。
5年3組担任：じゃあ、私が国語、音楽、図工、家庭科ね。
5年1組担任：え？ 僕、英語ですか。"This is a pen." レベルですよ。

評価規準はコピペが簡単

NG ポイント

　評価規準は学習指導要領が改訂され、新しい教科書が配布された段階で初年度分を作成する。そして、翌年度以降、前年度のものをコピー＆ペースト（コピペ）して使い続ける。そして次に教科書が改訂されるまでの3、4年間同じことを繰り返す。しかし、よく考えてもらいたい。最初に作成した評価規準は、教科書を使用してもいない状態で作成している。つまり、子どものレベルに合ったものか、教科書と上手く連携が図られたものか、指導できる程度のものかなど、分からない状態で作成しているのに継続的に使用している。恐いことである。

やるべき評価・テストへの秘策

1. 評価規準は、指導を考慮して作成する。
2. C評価の子どもへの手立てを評価規準から生み出す。
3. 評価規準は適宜見直す。

1. 評価規準は、指導を考慮して作成する。

　今更ではあるが、評価規準とは、単元の目標を踏まえた指導が、子ど
もたちにどれほど身に付いているかを3つの観点と内容のまとまり（領域）
から総合的に判断する評価の際の規準である。「外国語活動」では、3つ
の観点と3つの内容のまとまり：「聞くこと」「話すこと（やり取り）」「話
すこと（発表）」とを表（マトリックス）にまとめ、最大、3観点×3つの内
容のまとまり＝9つの項目で判断する。また「外国語」では、3つの観
点と5つの内容のまとまり：「聞くこと」「読むこと」「話すこと（やり取
り）」「話すこと（発表）」「書くこと」とを表（マトリックス）にまとめ、最大、
3観点×5つの内容のまとまり＝15の項目で判断する。領域一つの記入
例を示す。

	知識・技能	思考・判断・表現	主体的に学習に取り組む態度
領域別	〈知識〉 　○○〜理解している。 〈技能〉 　○○〜技能を身に付けている。	○○〜している。	○○〜しようとしている。

　全ての観点と領域を評価することは不可能に近いため、評価すべきと
ころを事前に絞る必要がある。例えば、ある単元では「聞くこと」と「話
すこと（発表）」の計6つの項目のみを評価するなど、子どもの評価すべ
きところを、指導を考えながら設定しておくことである。もちろん、単
元ごとに評価する項目は違っていても、何も問題はない。ここでも常に、
指導と評価の一体化を念頭に組み立てることが必要である。

2．C評価の子どもへの手立てを評価規準から生み出す。

(1) 単元の評価規準の作り方

　単元ごとの評価規準を作成する際には、まず単元の目標を決め、それを達成するために必要な指導内容を考え、最終的にその目標が達成されているかどうかを観点と内容のまとまり（領域）から、明確に判断できるような文言を表に記入する。その際、どのような評価方法（行動観察、テスト（クイズ）、パフォーマンステストなど）からそのように判断できるのか、評価規準との導線を引いておく必要がある。この際、学年に複数クラスある場合には、学年の教師で共通理解を図っておくことである。これがゆらいでしまうと、子どもや保護者の不信感につながりかねない。

(2) 活動ごとの評価規準の作り方

　また、具体的な活動については例えば、6年の「小学校の思い出」の単元を例に取って考えてみる。最終の授業で一人一人にパフォーマンステストとしてスピーチをさせることとし、次のような評価規準を設定する必要がある。これは、スピーチの中で、それぞれの「発表」と、子どもに配布した評価シートなどから「聞くこと」を評価するためのABC別の評価規準状況である。

	A　十分満足できる	B　おおむね満足できる	C　努力を要する
発表	既習表現を効果的に使いながら、自分の一番の思い出について詳しく発表している。	自分の一番の思い出について、おおむね相手が分かる程度に紹介しながら発表している。	発表を途中で終えたり、日本語で話したりして、英語で発表していない。
聞くこと	クラスのほぼ全員の発表を聞き取り、内容を詳しく捉えている。	クラスの6割程度の子どもの発表を聞き取り、内容を捉えている。	クラスのほぼ全員の発表内容を捉えることができない。

(3) C評価の子どもの支援

　指導の大きなポイントは、評価規準などからC評価の子どもをどのように指導し、B評価にまで引き上げることができるかである。その道筋を考える際にも、評価規準は重要な役割を担う。例えば、発表する際に、原稿を読ませたり、友達の助けをかりさせるなどの方法を考えていく。

3. 評価規準は適宜見直す。

(1) 評価規準を書き直すことの大切さ

　評価規準は本来、コピペするようなものではない。なぜなら、前任者の作成したものが、自分自身の指導の考え方、評価の考え方と全て合致しているとは限らない。それなのに、コピペすることが習慣となっている。それで良いのか。子どもの状況も異なるのに、一度決めたら合致していないことが分かっていてもそのまま突き進むのでは、子どもの力など伸ばすことはできない。まるで政治や行政と同じである。少し面倒だが、子どものために、そして自分のためにも、ちょっとした勇気と努力で書き直すことを勧めたい。

　管理職などで、「子どもの力がどのくらいか計るためにも、評価規準は変えない方が良い」と言う人がいる。これは、子どもにとっては悲劇である。つまり、経年で子どもの能力がどの程度かを比較するために評価規準を用いると言っているようなものである。これでは、子どもは実証実験的な扱いである。そうではない。評価規準は、子どもの力を伸ばすためのものなのである。

(2) 評価規準や評価は教師の指導力向上のためのものでもある

　評価規準を基に子どもを評価する。これは、同時に教師の指導の在り方を検証するものでもある。教師が思ったほどに子どもの能力が向上していない、できると思っていたことができていないなど、想定外のことがよくある。これらを全て子どもの責任に帰すのでは、その教師はいつになっても指導力向上など望めない。つまり、子どもができていないのは、目標が悪いのか、指導に問題があるのか、あるいは評価規準に問題があるのかなどと考え直すべきである。もし、問題点が分かれば、思い切って作り直したり、軌道修正したりすることである。これが子どものためにも自分自身のためにもなる。年間指導計画もCan-doリストも同じことである。PDCAサイクルの、CによってP、D、Aを見直す。これが、教師に求められる姿なのである。

●目標設定と子どもを見抜く力

　子どもは一人一人異なる。身長、体重、髪の色から性格、学力など、子ども全員が同じことなどあり得ない。

　ここで、100メートル走を考えてみる。ゴールは目標である。この目標に、誰が一番早くたどり着くかを競うのが徒競走である。子どもの中には、生まれながらに足の遅い子もいれば、速い子もいる。走るテクニックを教え、練習を何度繰り返してもそう簡単に速くはならない。これを英語の授業に置き換えてみる。ゴールを「自分の一日の生活について、基本的な語句や表現を用いて発表できる」とする。これを先の競争論理で考えると、最も上手に発表した子どもが優勝となる。しかし、これでは、生まれながらに言語能力がそれほど高くない子は、いくら練習しても優勝などできない。これだけを評価にされては困る。

　そこで、また100メートル走に話を戻す。今度は、仮のゴールを80メートルのところに設定する。多くの子どもが想定時間内にたどり着く距離である。教師の指導を受け、元来足の遅い子でも、足の上げ方や腕の振り方を改善すればクリアできる距離と時間である。そこまでたどり着かないのは、足を上げたり腕を振らない子や指導を受け入れない子である。この達成できる80メートルの距離を英語でも目標として設定する必要がある。そのためには、子ども一人一人の状況をつぶさに理解していなければならない。そして、教師の指導を受けることで、全ての子どもがクリアできるレベルを目標として設定するのである。努力しても到底達成できない場合や、指導を受けなくても簡単に目標に到達できるのでは、目標の意味がない。

　目標設定が全ての指導の根源である。そのためには、子どもの状況と能力を把握しておく必要がある。

●子どもの特性を生かした評価

　元々、子どもの持っているものは一人一人で異なる。前記の目標においても、例えば、語句や表現をすぐに覚えられ、言い回しの上手な子（知識・技能）、相手が分かりやすいように話すスピードを調整したり、簡単

な表現に言い換えたりする子 (思考・判断・表現)、一生懸命に発表しよう
と頑張る子 (主体的に学習に取り組む態度) などがいる。これを矢に例えると、
3つの矢 (観点) が1つになって、太く頑丈なものになることで、目標が
十分に達成できるようにするのが学習指導要領の考え方である。そして、
それぞれの矢の出来具合を判断する指標が評価規準である。

　3つの矢の中でも、記憶力が高く、知識・技能面の矢は十分に出来上
がっているが、人前で話すことが苦手で主体的に学習に取り組む態度の
矢ができていない子や、語句や表現を中々使えるようにはならないが、
人前では積極的に話すことのできる子もいる。子どもにも得手不得手が
ある。特にその不得手の部分を教師が指導を通して伸長させる必要があ
る。つまり、3本の矢の出来具合を見て、子どもたちにフィードバック
しながら、3本の矢の完成をめざすのである。

　しかし、ここに落とし穴がある。子どもは全ての点で異なり、苦手な
部分も評価規準を用いて評価し、向上に結び付ける。しかし、苦手な部
分が、実は根本的にできない子どももいる。例えば、人前で大きな声で
話すことのできない子どもに対して、「大きな声を出しなさい」と言って
も、できないものはできないのである。それなのに、他の子どもと同じ
尺度 (評価規準) で判断して良いものか。これでは子どもが浮かばれない。
そこで、用いるものが個人内評価 (形成的評価) である。聞き取れなかった
小さな声が、努力して、少し聞き取れるようになった場合、この伸びは
大きな進歩として評価に値する。この点を認め、評価されていることを
見える形で子どもに知らせる。これが、評価の本筋であり、落ちこぼれ
を作らず、やる気を引き出すコツである。

英語との出会い

　小学校時代には、英語の「え」の字も耳にしたことが無い。せいぜい、雪が深々と降る12月24日に炬燵の上に載せられた甘いカスタードクリームのケーキを目の前にして、訳も分からず、とぼけた中学生の姉に訛った英語で唱和させられるMerry Christmasの言葉ぐらいである。あれは英語だったのかしらと今でも思う。

　そんな小学生時代を送った私にとっては、中学校で初めて習う英語は楽しみでならなかった。何か大人になるような、何か見てはいけないものを見てしまうような感じがして、眠れぬ日々が続く。あの農協の2階で会った女の子とどこかでまた会えそうな予感。彼女は他人ではないような気さえした。早く英語を勉強したい。もとをただせば、英語を勉強したい気持ちは不純だったのである。

　ついにその日が来た。教科書を見ると、TomとSusieが大きな家に住んでいる。もちろん写真ではなく、イラストである。しかも、Tomは確か中学生のくせに車を運転している。さすがアメリカだ。一気にテンションが上がる。あのMaryもこのくらい大きな家に住んでいるのだろうと夢を描く（その頃には、かの女の子をMaryと勝手に呼んでいた）。そして、ついに担任の先生がやって来た。起立、礼、着席。

　「んだば、俺、英語読むっから、あどさついで読んでけろ」
と言う。内心ドキドキである。さ、こい！

　「アイ、ヘバ、ペン。言ってみろ」
あれ？と一瞬思ったが、みんな同じように、

　「アイ、ヘバ、ペン」

　「んだ、んだ。これが、人さ聞ぐどぎには、ドゥ、ユ、ハバ、ペンて言うんだ。やってみろ」

　「ドゥ、ユ、ハバ、ペン」

　「んだ、んだ」

　その時は、これが当たり前だと思った。ただ、どこかで、ヘバとハバの違いは何なのか、今でも疑問に思っている。

ある日のこと、NHKのラジオ講座を聞く機会があった。よく聞くと、そこから発せられるhaveはヘバともハバとも発音していない。中学生の耳にはハフと聞こえるのである。そこで、次の日、学校に着くやいなや、職員室に駆け込んだ。

　「先生、昨日、NHKのラジオ講座聞いたんですが」
なぜか、訛っていない。

　「菅、おめラズオ講座聞ぐってが。えれな（偉いな）、んで？」
　「はい、持つの意味の単語がハフと聞こえるんです」
　「んだが、ハフもヘバも一緒だべ、同ずだ」
と言われた。そうか、なるほどと変に納得して教室に帰った。それから３年間、その先生に英語を習い続けた。しかし、その先生の訛った英語は誰も身に付いていない。

　よく小学校の先生方の中に、「私のひどい発音が子どもたちにうつったらどうしようかと思って、できるだけ発音しないように気を付けているんです」と言う人がいる。発音は小学校段階や中学校段階ではうつるものではない。andをアンドと発音するのは、先生の発音がうつったのではなく、母音で終わる方が、発音しやすいという日本語を母語にする我々の特徴なのである。恐れず、積極的に子どもたちの前で発音することである。

　また、先生方の中には、英語ができないことや、苦手なことを子どもたちに知られることを極度に恐れている人がいる。このような人は、もしALTに英語で話しかけられて、何を言っているのか分からない場合には、子どもの前では、必ず鼻から息を吐きながら「フフン」と頷くことである。これで子どもたちには、「わ！　先生英語が分かるんだ」と思わせることができる。そんなものなのである。

やっては
いけない

教師・
研修 編

自分を変えれば
授業も変わる

教務：教頭先生、外国語活動と外国語の授業時間が確保できません。
教頭：まあ、教育委員会にはうまく書類書いて出せば良いよ。
教務：じゃあ、実際どうすれば良いですか。
教頭：できる範囲でやれば良いから。

STOP 興味が無い管理職

NGポイント

　小学校に「外国語活動」が導入されて十数年、「外国語」が導入されて数年が過ぎた。それなのに、残念ながら、未だに意識の低い学校管理職も多い。この考えが教師にも伝わり、国が定めた授業時数が確保されていない学校もある。これは、厳密には法令違反である。管理職には未だに「英語なんて」の意識が強く、軽視している向きがある。それが校内の教師に伝播し、指導が疎かになる。すると、基礎・基本ができないまま、子どもたちは中学校に進学し、英語の授業につまづくことになる。可哀想なのは子どもたちである。

あるべき教師・研修への秘策

1. 何を言っても理解されない場合には。
2. 保護者やPTAに子どもの変容を見せる。
3. 積極的な管理職には＋αを。

1. 何を言っても理解されない場合には。

　私ごとになるが、全国全ての都道府県にお邪魔して、さまざまな小学校を訪問している。そこで分かったことがある。いつも校門をくぐる時に、妙な感じが沸き起こる。胸がざわつくのである。なるほど、門から一歩入ると、さまざまなものが乱雑に置かれている。そして、校内に入ると、張り紙が剥がれていたり、ゴミが落ちていたりする。これらが決定的である。このような学校に共通なのは学校経営が上手くいっていないことである。その原因はどこにあるか。多くの場合、原因は管理職である。そして、疲労困憊した教員がそれを補っている。「外国語活動」や「外国語」がうまくいっていないのも、おおむね管理職が原因である。

　教育課程上、新しく導入された「外国語活動」や「外国語」は、管理職が意識を高く持って、教師集団をリードしなければならない。何事も初めが肝心である。しかし、管理職は教育委員会から説明を受けても、本人にその気が無かったり、もともと英語に興味が無かったりする場合、教師にまで教育委員会の意向は伝わらない。教師側に意識の高い人がいても、学力に関係無い、生活指導が重要だなどと説く。その結果、学校経営も英語指導もうまく機能しない。そんなものである。

　このような場合は、管理職に期待しても時間の無駄である。授業をしっかり行い、子どもを守り抜くことである。これからの社会を生き抜く子どもたちにとって必要なアイテムは２つ。ICT活用能力と外国語（英語）運用能力である。管理職の任期は短い。それに影響されずに、地道な指導を続けることである。

2. 保護者やPTAに子どもの変容を見せる。

　管理職は保護者やPTAの反応には敏感である。加えて、教育委員会の評価も気になるところである。全ての管理職が英語の授業に興味・関心があるはずもない。しかし、特に興味・関心が無く、英語の授業時間の確保にも積極的でない管理職がいる学校では、教師側は普段から授業をしっかり行い、子どもの成長を保護者に伝え、届けることである。そして、保護者の反響が大きくなり、PTA役員に届くことになり、じきに管理職の耳にも届く。管理職は当初半信半疑であっても、その声が大きくなればなるほど、心地良いものとなる。ここで注意が必要である。教師が、PTAや教育委員会から「英語頑張っているらしいですね」などと言われた場合、自分ごととして話してはいけない。常に、「管理職の先生方に理解があるからです」「管理職の先生方にサポートしていただいています」と答えるのである。これで決まり。任期の短い管理職にとって、学校での偉業が世間に鳴り響くことはこの上ない喜びなのである。

　また、他にもさまざまな行事を生み出すことで、管理職の変容を見ることができる。例えば、よくあることだが、卒業式に「My Dream」と題して、保護者の前で子ども全員に卒業スピーチをさせる。保護者は英語を話す自身の子どもの姿に感動する。また、校内でさまざまな英語関連の研究会を開催し、教育委員会の前で管理職に挨拶をしてもらう。あるいは、運動会や音楽会で英語の歌を歌わせるなど、いくらでも仕掛けはできる。

　また、マスコミを利用することもできる。新聞、テレビ、ラジオ、ミニコミ誌などに学校の特筆すべき授業や取組を取り上げてもらう。ただし、ここでも注意が必要である。マスコミを勝手に呼んだり、新聞の記事に校長名が記載されていなかった場合には、すぐに激怒する管理職がいる。常に、主役は管理職であることを忘れてはいけない。

　このように、管理職の先生を常に巻き込むことで、英語の授業も活気づけることができる。なお、これらは、私の体験談でもある。

3. 積極的な管理職には＋αを。

　一方、「外国語活動」や「外国語」に熱心な管理職も多い。このような管理職のもとでは授業や行事には特段問題は感じられない。しかし、学校だけで英語運用能力を向上させることは難しい。そのため前にも家庭学習の必要性を説いたが、家庭学習が難しい環境下にいる子どもも多い。そこで、このような管理職のもとでは、地域をも巻き込むことが重要である。

　大阪の東大阪市に、子どもの宿題をサポートしたり、小学校１、２年の子どもに学習習慣を身に付けさせたりする活動を行っているNPOがある。NPO Eastrickster（代表：峯 開美（みね ひろみ）氏）である。「外国語活動」や「外国語」では、私と（株）サクラクレパスとの産学連携で作成した教材を活用していただいている。また、国語、算数、生活などの教材は大阪樟蔭女子大学の児童教育学部の教員が全面バックアップしている。そして、この理念や趣旨に感動した校長が校内や保護者に周知し、多くの子どもたちがこの学習活動に参加している。これが、学校とNPOがともに「地域で子どもを育てる」姿である。そして、これが、これからの教育の在るべき姿であり、進むべき道でもあると思う。全ては学校で完結できるものではない。地域とともに、子どもたちのために歩む時が来ている。それをこの校長は理解しているのである。

　また、管理職が英語に興味があると、先生方も楽しそうに授業を行う。時には、校長が会話のモデルになったり、「校長先生は何の食べ物が好きでしょうか」「教頭先生は何のスポーツが好きでしょうか」などのクイズの問題にされたりする。子どもたちも、「あ、校長先生だ！」などと叫ぶ。この和気あいあいの姿が、英語好きを育てることにもつながる。英語が得意でも苦手でも良い。管理職の先生方は、子どもにとっても、保護者にとっても、尊敬の念を抱かれている。その人たちが子どもの前で英語を披露する。それを見た子どもたちは英語がどうであれ、前向きになるのは当然である。

先生Ａ：今日、３時半から英語の研修を行います。
先生Ｂ：すみません。保護者対応があるので出られません。
先生Ｃ：私も、家庭訪問があるので出られません。
教頭：私は、昨日十分に寝たので、今日は万全です。

英語の研修は参加できる時だけ

NGポイント

「外国語活動」や「外国語」などの英語の研修に積極的に参加しない教師がいる。もちろん、英語以外も同様かもしれない。確かに英語の研修には、他教科にはない研修内容が含まれる。その最たるものが、教師の英語運用能力を向上させるための研修である。英語に苦手意識を持つ人にとっては抵抗感がある。そして、どこか自分に関係の無いことと思っている。果たしてそうか。英語指導は他教科とは異なり、経験と研修を積んで向上させる以外に方法はないのである。

あるべき教師・研修への秘策

1. 校内研修を充実させる。
2. 官制研修を実のあるものに変える。
3. グループ、自己研修を工夫する。

1. 校内研修を充実させる。

　文部科学省も、各教育委員会も英語に関する校内研修の充実を謳っている。それに従って、年間、数回の英語関連の研修を行っているところがある。研修は大きく２つに分けられる。１つ目は指導法に関すること、２つ目は教師の英語運用能力の向上である。１つ目の指導法には、指導のノウハウや評価方法などが含まれ、２つ目の英語運用能力には、教師の英語使用、例えば発音、クラスルームイングリッシュ、日常会話などが含まれる。指導法は１、２回程度でも理解可能であるが、英語運用能力に関しては、１、２回程度ではほとんど身に付かず、更なる継続的な研修が必要になる。学校によっては、朝の打ち合わせや、放課後10分程度の会話練習をルーティーンにしている学校もある。

　受講する側の教師には、将来を見据えて積極的に参加することが望まれる。低学年担当の教師でも、来年度以降、中高学年担当になる可能性がある。それからでは遅すぎる。また、他校転勤によって、積極的に取り組んでいる学校に赴任することも考えられる。手を抜くことは自らの道を閉ざすようなものである。

　また、研修を計画する教師も、つまらない内容や同じことの繰り返しでは、教師の士気も下がる。特に、外部から講師を招聘する場合には、その人の情報をしっかりと調査することである。間違ってもにわか専門家（大学で授業は持っていても、小学校英語の部外者）などを呼ぶと、教師に間違った情報が伝わる。この類の者は、子どものことを生徒と呼ぶ習性があるので、すぐに判断できる。

2. 官制研修を実のあるものに変える。

　文部科学省や各教育委員会による官制研修は、基本、楽しいものではない。決まった内容を決まったとおりに話し、それを受講者がただ聞く。まさに教師中心の英語の授業のようなものである。つまらない、身に付かない、である。しかし、これには訳がある。間違いを伝えることは許されず、個人の見解も極力控えなければならない。したがって、我慢をするしかないのである。これは、基礎・基本としての理念や考え方を知る良い機会と考えるべきである。

　また、これらの研修において教師ができることは、分からないことを素直に質問することである。分からないままにしておかずに、積極的に質問することである。これが、子どもたちの学びに直結する。質問に答えない行政側は怠慢である。昨今、文部科学省の英語の説明会や研修等において、質問を受け付けないことがあるが、かつてはそのようなことは皆無であった。まさに、逃げか怠慢の極みである。

　各市区町村の研修では、研修を行う指導主事は、かつては同じ教員であった。学校の子どものことも、学校の状況も理解できているはずである。指導主事の位は法令上、教師と同じ立場である。それなのに、研修で居丈高に振舞い、高圧的に話をしたりする場合がある。これでは反感を買い、話の内容が中々教師にインプットされない。また、その指導主事が完璧に「外国語活動」や「外国語」について理解しているとも限らない。このような場合には、研修を無駄にしないためにも、状況を校長に伝え、教育委員会も、常にブラッシュアップさせるべきである。

　なお、市区町村の研修では、校内研修同様、内容を充実させるためにも、さまざまな意見を伝えるべきである。希望する内容や、是非呼んでもらいたい専門家など、校内研修ではそれらが不可能なことを伝え、研修に外部からの声を反映させて充実を図る。これは、校内研修に指導主事を呼ぶ場合も同様である。したがって、指導主事は日々多忙な中でも、勉強を欠かすべきではないのである。

3. グループ、自己研修を工夫する。

　研修にはさまざまな方法がある。自己研修も重要な知識や技能を吸収する良い機会である。例えば、さまざまな学会や研究会に参加することである。有料・無料に関わらず、自分自身の興味・関心に合ったものを選ぶ。ただし、高額な料金を請求し、心地良いキャッチコピーでその気にさせ、実情は危ない英語関連の財団や企業もあることから、事前の調査や、さまざまな人の意見を聞くことも必要になる。

　学会や研究会には、数多くの学校の教師や行政の職員が参加していることがポイントである。それは、学ぶべき内容もさることながら、さまざまな立場の教員などと知り合いとなり、情報を交換することができるからである。例えば、授業で行き詰まった時の対応方法や、教材・教具の貸し借りなど、痒いところに手が届くような助けをしてくれる。また、教育委員会関係者や大学関係者とも知り合いになり、研修の講師を頼むこともできる。このような学会や研究会は安価で参加でき、懇親会等で更にさまざまな情報を得ることもできる。そして、ここで生涯のパートナーと出会った人もいる。仕事のためと私生活にもプラスに働く場所でもある。

　また、知り合いの教師同士で、研究チームや学習チームを作ることも楽しい。放課後や休日に集まって学習会を開いたり、一堂に会したりすることができない場合には、オンラインで勉強会を行うこともできる。さまざまな学校の情報を聞き、自分自身の課題に気付き、指導の向上を図ることができる。

　そして、さまざまな書籍も指導力と英語運用能力向上のためには重要である。自分自身が求めているものに適切に出会えるかどうかである。この本もその一冊である。今、これを読んでいただいているということは、正しい選択と言える。また、研修等に関しては、拙著『日々の授業から校内研修・研究授業までフルサポート！　小学校外国語活動・外国語授業づくりガイドブック』（明治図書）が参考となる。

先生：え！ 4月から5年の担任ですか。
教頭：そうです。よろしくお願いします。
先生：英語なんかできませんよ。
教頭：大丈夫。私もできません。それがどうした！ でいきましょう。

英語は難しいもの、苦手なもの

NGポイント

　英語を難しいもの、苦手なものと思って、授業で使用を控えている教師は多い。では、英語を使えるようになるにはどうすべきか。特に、日常会話や、ALTとの打ち合わせ、授業で英語を使えるようにするにはどうすべきか。中には、多額の費用を払い、さまざまな学校に通う教師もいる。大概の場合、途中で諦めるのが関の山である。本当に上達はできないものか。その答えは否である。工夫次第では、誰でも、授業で使う英語程度はマスターできる。日本の教員は世界でも比類を見ないほど優秀な集団であることは世界が認めているのだから。

あるべき教師・研修への秘策

1. 使いながら学ぶ。
2. 校内で学ぶ。ALTから盗む。ALTを利用する。
3. 外部で学ぶ。自ら学ぶ。

1. 使いながら学ぶ。

　かつて私は、ある小学校の教師を対象に、All Englishによる英語の授業の実証実験をしたことがある。対象学年は５年生。授業開きから、全授業で英語を使い、決して日本語を使わないことを条件とし、全時間ビデオ撮影をした。そして、そのビデオを、ネイティブスピーカー２人と私との３人で、文法上の間違いや語彙、表現の間違いを事細かにチェックした。その結果、授業開きの時には、75箇所ほどの間違いが散見された。その後、徐々にその数は減り、年度を半分過ぎた10月頃には32箇所と半減した。そして、その後も継続的に数は減り、３月の年度末には７箇所にまでなった。その７箇所もほんの些細な点、冠詞(不定冠詞aにすべきところを定冠詞theにしている)や前置詞(onがinになっている)の間違いであった。

　本人に聞いた。「どのように改善したのですか」と尋ねると、「特別な勉強は一切しませんでした。勉強する時間もほとんどありませんでしたから。ただ、ティームティーチングの時に、ALTの先生の英語を注意深く聞いて、それを真似したくらいです」と答えた。これは、非常にコストパフォーマンスの良い例である。一銭も費用をかけずに、自分自身のクラスルームイングリッシュや会話力のブラッシュアップを図ることができたのである。

　このように、日常生活の一部を見直すことで、無理・無駄なく、しかもお金をかけずに英語力を向上させることができる。では更に、具体的にどのような方策が考えられるか。

2. 校内で学ぶ。ALTから盗む。ALTを利用する。

　先に述べたように、ALTから盗むのが、最も手っ取り早い方法である。誰にも迷惑はかからない。それだけに止まらず、更にALTを利用することである。彼らは無料の見本であり、無料の先生でもある。

　例えば、「外国語活動」や「外国語」の授業を英語で進め、授業後に使用した英語についてALTに評価してもらったり、間違いを指摘してもらったりすることである。この場合のポイントは2つ。1つ目は、授業中に間違いを指摘させないことである。子どもたちが、教師が英語を苦手としていることを分かっていたとしても、さすがに、子どもの前で指摘することは子どもの信頼感を徐々に損なうことにもつながる。そして、教師が一人で授業をする時にマイナスの態度として表れる。したがって、指摘するのは授業後、子どものいないところでとする。2つ目は、ネイティブスピーカーは英語の間違いに寛容な場合がある。少々の間違いは指摘せずに 'OK' などと言う。これでは、練習にも勉強にもならない。厳しくチェックするように要望することである。そして、指摘されたことは、メモしてまとめておく。多くの日本人は系統立ててまとめることが得意である。理路整然とまとめられていれば、知識としてインプットしやすい。このことは、授業前のALTとの打ち合わせにおいても同様である。そしてお礼として、ALTを食事に誘ったり、お酒を飲んだりしながら友好関係を結び、更なる指導を求めていくことである。

　一方、ALTを活用できない場合には、校内の英語の堪能な教師に尋ねたり、英語を使って授業をしている教師の授業を参観したりして、ブラッシュアップを図る。これも、コストパフォーマンスは極めて良く、ALT同様に早道である。

　学校によっては、ALTによる英語研修を放課後に催している学校もある。これらにも積極的に参加し、分からないところや苦手なところは、その機会に解消を図ることだ。

３．外部で学ぶ。自ら学ぶ。

　英語力を上達させるには、とにかく話すことであると思っている人がいる。しかし、それは大きな間違いである。例え、自分の伝えたいことが表現できたとしても、相手の言っていることが理解できないようでは、話は続かない。とにかく話す前に、聞くことができるようにならなければならない。そのためには、生活の中に英語を聞く環境を創り出すことである。

　私の知り合いで、ネイティブ並みの英語力を持っている教師がいる。テレビやラジオの英語番組も持っている。彼は、毎日英語を聞かないと英語力は落ちるとの信念を持っている。そこで、忙しい一日の中で、最も無理・無駄のない車の運転時を利用して、ヒアリングをしている（ここはリスニングではない。ただ、聞き流しているだけである）。確かにこれは効果的である。どこかのCMでも聞き流すだけで効果があると某ゴルファーが言っている。では、それ以外に、どこにその時間を取り入れるか。就寝時、起床時、食事時等、自分の生活スタイルに照らし合わせて考えてみることである。例え、一日５分でも良い。継続は力なりである。また、聞くべきソースも、わざわざ購入する必要もない。テレビやネットの情報で十分である。ニュース、スポーツ、ゴシップ、お笑いなど、自分の興味に合った内容をネットから探し出すことである。

　また、忙しい教師にとっては、さまざまな英語学校はコストパフォーマンスが悪い。毎日、自宅と学校の往復の教師にとっては、学校を活用するか、自宅で自ら学ぶかのどちらかである。自宅では、英語を使用する環境を自ら生み出さなければならない。最も効率が良いのは、ALTとの打ち合わせを、ネットのオンラインを使ってライブで行うことである。また、ALTにお願いして、アルバイトとして個人的な会話練習を頼むことも可能である。今の時代、このようなことは特に難しいことでもない。学校の他の教師には分かりはしない。日に日に英語が上達することに、同僚は驚くはずだ。心掛け一つ、工夫一つなのである。

●子どもが憧れる教師像とは

　私の大学で、小学校の教員をめざす学生の志望動機は、ほぼ同じである。「小学校の時の先生が優しく、憧れであった。その先生のようになりたい」と言う。そこを更に突き詰めると、自分が精神的に辛かった時に優しくしてくれた、自分のことをよく理解してくれたなど、まさに小学校でよく言われる「寄り添ってくれた」教師である。つまり、学生にとって、教師が精神的な支えとなっていたことが心に刻まれているのである。

　このことは、小学校の子どもたちにはまだ理解できないかもしれない。子どもは単純に好き嫌いで判断する傾向がある。その好きの中に憧れも含まれている。そして、この憧れは見た目の部分が多い。特に、さまざまな技能に長けていると憧れる。例えば、体育の授業で教師がモデルを示す際、水泳の上手い先生や、跳び箱10段を軽々飛び越える先生をカッコ良いと思い、憧れる。同じように、英語の授業でも、英語を流暢に操る先生に憧れを持つ。しかし、これらに共通して言えるのは、自慢はご法度。「先生、英語ができるから」と自慢したり、他の人を馬鹿にしたりすると気持ちが冷める。そんなものである。

　また、子どもにとって、見た目や若さも憧れの大きなポイントである。これは、教師にとってどうしようもない面である。今更イケメンにはなれない。ここで勝負することはあきらめた方が良い。ただ、最近の子どもにとっては、見た目の清潔感が大きなポイントになっている。ここは改善できる範囲である。服装や髪型、服がヨレヨレだったり、寝ぐせの髪、肩にフケが落ちていたり、タバコ臭などはNGである。これらは子どもが離れていく原因でもある。英語以前に、教師として憧れられる要素を確認し、自覚しておく必要がある。

●子どもが憧れる英語教師になるために

　英語の専科教員ならいざ知らず、多くの教員は英語以外にも多くの科目を担当している。そこで、将来、子どもの記憶に残る憧れの英語教師になるには、英語運用能力の向上がもっとも近道と思われがちだが、そのような人は世の中に数多くはいない。やはりここは、授業で勝負し、

憧れの英語教師になることである。そのための十箇条を明記する。

①英語の授業では常に笑顔を絶やさない。

②自分自身も楽しんで授業に臨む。

③英語に関すること、国際理解に関することのプチネタを多く持つ。例えば、クイズを出す。①アメリカの赤ちゃんの名前で、最も多い名前は？②インドのマクドナルドのお肉は何でできている？　など。

④常に子どもを褒める。

⑤子どもが間違っても、何かしら良いところも見つけて褒める。

⑥授業のリズム、スピードを計算しながら、絶対に飽きさせない。

⑦授業開きに、先輩のビデオを見せ、ここまでできるようになるよと暗示をかける。

⑧発表などのパフォーマンステストは必ずビデオに撮影する。そして、それを再生する際には、良かった点と改善点を必ず伝える。

⑨絶対に「うるさい」「静かに」などの叱る言葉は言わない。英語に関する話は阻害しない。

⑩子ども自身に英語の能力が向上していることを視覚から認識させる。例えば、ビデオで４年１学期のパフォーマンステストと、３学期のそれとを見せ、向上していることを認識させる。

　以上の事柄は難しいことではない。一番大切なことは、子どもたちが嫌いと思っていた英語が、目に見えて、日々できるようになっていることを認識させながら、自信を持たせることである。できるようになると楽しいものである。これで、憧れの英語教師の出来上がりである。是非、挑戦していただきたい。

先述のような少年時代を送り、十数年後に大阪府立高校の英語教員となった。初任先は、府内にも名前が轟いていたN高校である。数年前には、バイクが廊下を駆け抜け、高校入試では英語が0点でも合格できるほどの学校だった。

　授業は苦悩の毎日。アルファベットの文字を正しく書けない生徒が2/3程度。授業では教科書を開かない、寝る、他のことをする、動き回る、騒ぐの繰り返し。こちらも叱る、怒鳴るで対応。毎日が戦場のよう。辟易し、おニャン子クラブを見るのが唯一の息抜き。唯一、授業中静かにさせる方法は、教科書の本文をノートに丸写しさせるか（30分は静かになる）、プリント爆弾（次から次へとプリント問題を配布）を解かせるかである。とにかく授業中、じっと机に座らせておくことが最大の目標であった。

　ある時、先輩の先生から奇抜なアイデアが出された。「彼らには教科書は適さない。我々で教材を作ろう」と。元来お調子モノの私にとっては「面白い」と思えた。生徒を叱るくらいなら、面白い教材で子どもの気持ちを引き付け、黙っていても生徒が見る教材を作れば良い。そう考えた。まず教師仲間を作った。そして、授業の柱を2つに絞る。1つ目は「英語コミュニケーション」と題して、英会話を中心とした使える英語を学ぶもの、2つ目は映画を教材に、ストーリーを英文で読みながら、内容把握や表現を学ぶものである。

　教材はゼロから生み出すため、職員室には仲間が夜の9時や10時までも残った。家で徹夜して完成させることもあった。徐々に生徒もそれに応え始めた。寝ない、騒がないばかりか、楽しく英語を聞いたり、話したり、読んだり、書いたりし始めた。授業中は笑顔が絶えない。

　こちらも調子に乗る。「英語コミュニケーション」では、自己紹介や買い物、食事、道案内などの鉄板ネタにも飽きて、海岸でのナンパ（教室にパラソルやビーチチェアを置き、波の音のCDを流す）、タクシーでの会話（運転手と酔った客やカップル）など一癖も二癖もある内容。更には、「英語で漫才」や、実際に海外に手紙を出して「返信がなかったらアウト」、実際に

世界各地に電話をかける「国際電話」（NTTが無料で配線）など、日本で初めて行う内容の英会話場面を設定し、実演させた。

　また、映画を教材とした授業では、封切り後に映画配給会社に足を運び、チラシやポスターをもらい、生徒の興味付けとした。

　するとマスコミが聞き付けて、ほぼ毎日、テレビや新聞で報道される。生徒もテレビに映る。ついには、朝日新聞全国版に「教科書を使わない英語の授業」と題して1ページ全面の記事が載った。黙っていないのは当時の文部省。教育委員会を通して、調査が入るという。教科書は法令で使うことになっているとのこと。校長先生、顔面蒼白。私は臆せず、調査に来た府の教育長にこう言ってのけた。「生徒たちの生き生きした顔を見てください。これほど楽しんで英語を話している生徒を見たことがありますか」と。教育長は一言、「すごい」と返した。その後、私は教育委員会を経由し文部科学省に行くことになる。

　好きなことをすると、出る杭は打たれる。しかし、出過ぎた杭は抜かれるだけだが、存在感だけは示すことができる。何でもチャレンジ、You can do it! である。

　ちなみに、評価に関してだが、「英語で漫才」では、吉本の新人芸人を呼んで評価させ、笑わせたら合格。海外への手紙の送付では、返信がない場合には赤点ギリギリ、国際電話では、相手に通じなかったら赤点など、まさに千尋の谷に突き落とすような評価規準だった。

　その結果、入学時には98％もの生徒が英語が嫌いと答えていたのに、卒業時には95％の生徒が英語を好きと答えて卒業している。しかも、その中には、海外で活躍している卒業生もいる。今では、彼らはアルファベットを正しく書けるようになっているのだろうか。

おわりに

　小学校の先生方の多忙さは百も承知である。全ての教科を教え、子どもたちの話を聞き、行事をこなし、保護者対応をする。校内の業務や会議もさぼれない。私には百戦錬磨の集団にさえ見える。それなのに、社会からのさまざまな要求が増え、国や都道府県、はたまた市町村からの無理難題が降り注ぐ。頭が下がる思いである。

　OECD（経済協力開発機構）の加盟国の中で、教育への公的支出は常に最下位レベルであり、教員の仕事時間も参加国中で最長である。かつて、私が文部科学省に勤務していた頃、海外の教育研究者たちがよく日本に調査に訪れていた。主なテーマは、「教育予算が低い中で、子どもたちの教育レベルが下がらずに、一定に保たれているのはなぜか」である。これは、世界でも教育の七不思議の一つらしい。さまざまな調査を試み、結果は、「先生方のレベルが一定しており、指導者の教育水準が高いから」ということのようだ。ただ、「なぜ、条件の良くない教員になるのか」という疑問は残る。そこで私は、「確かに、日本の先生方のレベルは非常に高い。先生方は社会からリスペクトされており、やりがいのある職業と思われている。これは、江戸時代の寺小屋の頃から、日本人のDNAに脈々と流れている」と言った。しかし、このDNAに含まれている情報も、時代とともに薄れてきている。特に問題は政治、そして政治家だ。政治家は選挙に当選するために公約を掲げる。しかし、この公約の中には教育に関する事項はほとんどない。それはなぜか。行政側にいるとよく分かることである。「教育は票につながらない」が定説である。それよりも、道や橋、建物、老後の保障の方が票に結び付き、当選できる。誰もが教育は大切と思っているが、目の前の当選の方が大切である。教育はほどほどで良いと考えている。そのほどほどで良いと思っている教育を支えているのが先生方である。格差社会から、より条件の良い仕事に就こうとする人が増え、教員をめざす人の数は減っている。その結果、教師は疲弊し、教育は荒廃している。数十年後に日本も「後進国」

入りすることが現実味を帯びてきた。教育は国の根源である。中央教育審議会の報告にも「国家百年の計である教育の在り方は、国民一人一人の生き方や幸せに直結するとともに、国や社会の発展の基礎を作る大変重要な問題である」とある。

　今回、「外国語活動」「外国語」に関する書を書き終えて、思ったことがある。小学校の先生方からすれば、これらは、苦手な科目であったり、面倒くさい科目であったりするかもしれない。しかも指導している数々の教科の中で、これらの科目の占める割合は10％にも満たない。加えて国の学力調査もない。では、「なんで英語をやるの」である。それは、英語はこれからの子どもたちがグローバル社会において、生き抜いていくためにどうしても必要なアイテム、武器だからである。子どもは、「海外に行かないから英語は必要ない」「家の仕事を継ぐから英語は要らない」などと方便を垂れる。しかし、さまざまなルートで外圧や外国との接点が生じてくる。英語と無関係ではいられない時代が目の前にある。

　これは先生方も同じである。教員になりたての頃、英語とは無関係と思っていたら、いつの間にか英語と無関係ではいられなくなった。つまり、子どもの人生にとって可能性を追求できるようにしておくことが必要である。それは、上記の報告にもあるように、一人一人の生き方や幸せに直結するからである。例えば、俗っぽい話をする。大卒で英語ができ、外資系の企業に就職すると、１年目で年収約1,000万円近くも貰える。つまり、これからの子どもはどのような人生を送るのかもちろん分からないが、そのための土壌は耕しておく必要がある。

　本書ではNG例を数多く示した。そのくらいできているとお叱りを受けるかもしれないが、それも一興と受け取ってもらえればと思う。社会が変わり、子どもが変わる状況でも、教育への信念を曲げることなく、日々の授業に邁進していただきたいと思う。負けてたまるか！である。

●著者紹介

菅　正隆（かん・まさたか）
大阪樟蔭女子大学児童教育学部児童教育学科教授
一般社団法人日本SDGs協会理事
前文部科学省初等中等教育局教育課程課教科調査官
前国立教育政策研究所教育課程研究センター教育課程調査官

岩手県北上市生まれ。大阪外国語大学（現大阪大学）卒業。大阪府立高等学校教諭、大阪府教育委員会指導主事、大阪府教育センター主任指導主事、文部科学省初等中等教育局教育課程課教科調査官並びに国立教育政策研究所教育課程研究センター教育課程調査官を経て現職。文部科学省調査官時代には、日本で初めての小学校外国語活動の導入、学習指導要領作成、『英語ノート』編集作成等を行い、日本の小学校英語の生みの親とも呼ばれる。
専門は英語教育、教育行政、言語政策。ゼミ授業では、産学連携として（株）サクラクレパスと協同で、小学校英語の様々な支援教材・教具を開発し、世界に発信している。
かつて、全国唯一の髭の指導主事として有名であったが、その後、髭の調査官として活躍。本物志向の授業づくりには定評があり、「教員の基礎・基本は授業である」をモットーにしている。

【主な著書】
・『平成29年改訂　小学校教育課程実践講座　外国語活動・外国語』『平成29年改訂　中学校教育課程実践講座　外国語』（以上、ぎょうせい）
・『板書＆イラストでよくわかる365日の全授業　小学校外国語活動・外国語3〜6年』『新3観点対応の106の実例を収録！小学校外国語ワークシート＆テストづくり完全ガイドブック』（以上、明治図書）
・『英語教育ゆかいな仲間たちからの贈りものⅠ・Ⅱ』（日本文教出版）
・『日本人の英語力』（開隆堂出版）　ほか

●イラスト

チョッちゃん

小学校教師のための
やってはいけない 英語の授業

令和 3 年 9 月 15 日　第 1 刷発行

著　　者　　菅　正隆

発　　行　　株式会社 **ぎょうせい**

〒136-8575　東京都江東区新木場 1 - 18 - 11
URL：https://gyosei.jp

フリーコール　0120 - 953 - 431

ぎょうせい　お問い合わせ　検索　https://gyosei.jp/inquiry/

〈検印省略〉

印刷　ぎょうせいデジタル株式会社　　　　　　©2021　Printed in Japan
※乱丁・落丁本はお取り替えいたします。
ISBN978 - 4 - 324 - 11034 - 8
(5108738 - 00 - 000)
〔略号：いけない英語〕